Maydorn • Alles was Sie über Aktien wissen müssen

Alfred Maydorn

Alles was Sie über Aktien wissen müssen

Grundlagen für Ihre finanzielle Sicherheit

FinanzBuch Verlag München

Die Deutsche Bibliothek – CIP-Einheitsaufnahme
Ein Titeldatensatz für diese Publikation ist bei
Der Deutschen Bibliothek erhältlich

Gesamtbearbeitung: Michael Volk, München
Druck: Jos. C. Huber, Dießen/Ammersee
Umschlaggestaltung: Christian Weiß

Landshuter Allee 61 · 80637 München
Tel.: 089/651285-0 · Fax: 089/65 20 96
eMail: maydorn@finanzverlag.com

ISBN 3-932114-39-6

Inhaltsverzeichnis

Vorwort

Noch immer schlummern Milliarden auf deutschen Sparbüchern, um eine jährliche Rendite von bestenfalls zwei Prozent abzuwerfen. Darüber schmunzeln Aktionäre, denn in den vergangenen Jahren vermehrten sie ihr Geld in der Regel mit zweistelligen Zuwachsraten. Mit den richtigen Aktien waren sogar jährliche Renditen von mehr als 100 Prozent zu erzielen. Selbst wenn man den Zinseszins berücksichtigt, würde es stolze 35 Jahre dauern, bis man sein Kapital mit dem guten alten Sparbuch verdoppelt hätte.

Mit Aktien lässt sich viel Geld verdienen, aber auch verlieren – und das will niemand. So ist es auch nicht verwunderlich, dass es noch immer viele Vorbehalte gegenüber einer Anlage in Aktien gibt. Richtig, Aktien können fallen und man kann Geld verlieren, wer jedoch einige Grundregeln beachtet und einen langen Anlagehorizont hat, für den war es in den vergangenen Jahren relativ schwierig, Geld zu verlieren. Daran dürfte sich auch in Zukunft nicht viel ändern, denn auch in den kommenden Jahren wird es Unternehmen geben, die sich überdurchschnittlich entwickeln und deren Aktienkurse parallel dazu steigen werden.

Noch immer wird der Kauf einer Aktie von vielen als reine Spekulation oder sogar als eine Art Spiel gesehen – als ein riskantes Spiel, bei dem es viel zu gewinnen, aber auch viel zu verlieren gibt. Das ist nicht richtig, denn mit dem Kauf einer

Aktie beteiligt man sich an einem Unternehmen. Die Entwicklung der Aktie hängt langfristig von der Entwicklung des Unternehmens ab. Entwickelt sich das Unternehmen positiv, wird der Aktienkurs steigen, gibt es negative Meldungen über den Geschäftsverlauf, fallen die Kurse. Es handelt sich beim Kauf einer Aktie nicht um ein Spiel, sondern um ein Investment in ein Unternehmen, von dem man sich eine positive Geschäftsentwicklung erwartet.

Mit dem Kauf von Aktien hat der Anleger die Möglichkeit, direkt am Erfolg eines Unternehmens teilzuhaben und durch die Kurssteigerungen der Aktie auch direkt davon zu profitieren. Bleibt die Frage, wie man denn nun die Unternehmen findet, deren Aktien sich überdurchschnittlich entwickeln? Sollte man das nicht den Profis überlassen, die sich Tag für Tag mit Aktien beschäftigen? Nicht unbedingt, denn oftmals reicht schon das richtige Gespür und ein gesunder Menschenverstand, um Aktien von aussichtsreichen Unternehmen zu "entdecken".

So war beispielsweise schon Ende 1998 abzusehen, dass es einen wahren Handy-Boom geben wird. Schon damals war Nokia der weltweit führende Anbieter von Mobiltelefonen. Um dies herauszufinden, hätte es keiner großartigen Recherche bedurft. Wenn man nur wenig genauer hingeschaut hätte, wäre schon damals aufgefallen, dass in etwa jedes zweite Handy von den dominierenden Finnen produziert wurde. Wer daraufhin Ende 1998 Aktien von Nokia gekauft hätte, der konnte sich bereits zwölf Monate später über eine Verdreifachung (!) seines Geldes freuen. So einfach kann Börse sein.

Man muss sich also nicht Tag und Nacht mit der Börse beschäftigen, um mit der Aktienanlage Erfolg zu haben. Allerdings sollte man dennoch über bestimmte Grundkenntnisse verfügen – aus diesem Grund lesen Sie ja auch dieses Buch. Darüber hinaus ist es hilfreich, sich mit aktuellen Informationen aus Tageszeitungen, Börsenmagazinen oder aus dem Internet zu versorgen (www.stockworld.de). Denn das wichtigste für den Aktionär sind Informationen. Nur so kann man sich eine eigene Meinung bilden. Und auf diese sollte man sich verlassen. Die Grundlage für die Entscheidung, eine bestimmte Aktie zu kaufen, sollte die Fehler im Vorfeld ausschließen, sofern man über die nötigen Grundkenntnisse verfügt. Mit diesem Buch will ich auch Ihnen den Start in ein erfolgreiches "Börsianerleben" erleichtern.

Also, ran an die Aktien

Alfred Maydorn

Was ist eigentlich eine Aktie?

Die Aktie verbrieft einen Anteil am Grundkapital einer Aktiengesellschaft. Er kann entweder auf einen Währungsbetrag oder auf einen prozentualen Teil dieses Grundkapitals lauten. Der Aktionär ist Miteigentümer der Aktiengesellschaft und hat als solcher bestimmte Rechte. Vor allem sind dies das Recht auf eine Dividende – falls das Unternehmen überhaupt eine Gewinnausschüttung vornimmt – und das Recht, bei einer Kapitalerhöhung gemäß seinem bisherigen Anteil am Grundkapital „junge“ oder „neue“ Aktien zu beziehen.

Stamm- und Vorzugsaktien

Ein weiteres Aktionärsrecht, nämlich die Teilnahme an der jährlichen Hauptversammlung, steht nur den Inhabern von Stammaktien zu. Vorzugsaktien verbriefen bestimmte Sonderrechte bei der Gewinnausschüttung und bei der Auflösung der AG. Die meisten börsennotierten deutschen AGs haben nur Stammaktien ausgegeben. Vor allem in den letzten Jahren hat das Interesse an Vorzugsaktien deutlich nachgelassen. Weil Vorzugsaktien kein Stimmrecht gewähren, sind vor allem institutionelle Großanleger an solchen Papieren nicht interessiert. Ohne die institutionellen Investoren aus dem Ausland kommt ein Unternehmen ab einer bestimmten Größenordnung jedoch nicht aus. Es steht zu erwarten, dass die Bedeutung von Vorzugsaktien an deutschen Börsen tendenziell weiter abnehmen wird.

Hat eine AG Stamm- und Vorzugsaktien ausgegeben, dann kosten die Vorzüge an der Börse oft viel weniger als die "Stämme". Für Kleinanleger sind Vorzugsaktien daher manchmal die bessere Wahl: Erstens liegt ihr Kurswert in der Regel unter dem der Stammaktien, und zweitens winkt eine höhere Rendite. Es gibt aber Ausnahmen. So ist zum Beispiel die Vorzugsaktie von SAP im DAX vertreten, die Stammaktie nicht. Das führt dazu, dass die Vorzugsaktie einen höheren Kurswert aufweist als die Stammaktie, denn die Vorzugsaktie steht bei institutionellen Anlegern, die mit ihrem Depot den DAX nachbilden wollen, auf der Kaufliste.

Ganz anders ist die Situation bei VW: Hier ist die Stammaktie im DAX vertreten, die Vorzugsaktie folglich nicht. Daher ist letztere erheblich "billiger" und bietet für Dividendenjäger manchmal attraktive Kaufchancen.

Die Marktkapitalisierung

Der Anteil, den eine Aktie am Grundkapital repräsentiert, kann auf mehrere Arten dargestellt werden. Bis vor einigen Jahren betrug der Mindestnennwert deutscher Aktien 50 Mark, später fünf Mark. Viele AGs stellten den Nennwert entsprechend um. Aus einer 50-Mark-Aktie wurden zehn Fünf-Mark-Aktien, wodurch der früher optisch oft sehr hohe Kurswert einiger deutscher Aktien quasi über Nacht auf ein Zehntel reduziert wurde. Seit 1999 sind allerdings auch nennwertlose Aktien zulässig. Sie verbriefen keinen in Währungseinheiten ausgedrückten Nennwert, sondern einen bestimmten Bruchteil am Grundkapital. Für den Kleinanleger ist dergleichen ohnehin nicht besonders wichtig.

Wesentlich interessanter als der Nennwert ist der Kurswert der Papiere, der nach den Regeln von Angebot und Nachfrage an der Börse ermittelt wird. Ein wichtiges Anliegen des Aktionärs ist schließlich, dass der Wert seiner Papiere nach oben tendiert und er dadurch auf längere Sicht einen Vermögenszuwachs verzeichnet. Was ein Unternehmen an der Börse wert ist, wird durch die Marktkapitalisierung ausgedrückt: Man errechnet sie, indem man die Zahl der von einer AG ausgegebenen Aktien mit dem Kurswert eines bestimmten Tages multipliziert.

Marktkapitalisierung =
Kurswert je Aktie • Anzahl der ausgegebenen Aktien

Mit einer Marktkapitalisierung von etwa 500 Milliarden Dollar ist die amerikanische Microsoft das derzeit wertvollste Unternehmen der Welt. Bei deutschen Unternehmen, die sowohl Stamm- als auch Vorzugsaktien ausgegeben haben, muss man die entsprechenden Werte beider Aktienarten zusammenzählen, um den Gesamtbörsenwert zu ermitteln. Analog zur Marktkapitalisierung lässt sich auch die Höhe des Grundkapitals einer AG berechnen, indem man die Zahl der ausgegebenen Aktien mit dem Nennwert multipliziert – falls die Gesellschaft mit einem Nennwert versehene Aktien ausgegeben hat.

Inhaber- und Namensaktien

Was die Übertragbarkeit betrifft, unterscheidet man in Deutschland zwischen Inhaber-, Namens- und vinkulierten

Namensaktien. Die Eigentumsübertragung von Inhaberaktien erfolgt ganz einfach durch Einigung zwischen Käufer und Verkäufer und Übergabe der Aktienurkunde. Bei Namensaktien ist der Name des Eigentümers auf der Aktienurkunde notiert. Zum Eigentumswechsel ist daher eine schriftliche Eintragung (Indossament) auf der Rückseite der Urkunde erforderlich. Bei vinkulierten Namensaktien ist außerdem die Zustimmung der AG erforderlich. Die meisten deutschen Dividendenpapiere sind Inhaberaktien, vor allem wegen der unkomplizierten Eigentumsübertragung.

In jüngster Zeit erlebt die Namensaktie eine Neubewertung. Im Sommer 1999 sorgten zum Beispiel die Deutsche Bank und Siemens mit der Ankündigung für Aufsehen, ihre Inhaberaktien auf Namensaktien umzustellen. Mit DaimlerChrysler hatte zuvor schon ein namhaftes Unternehmen einen entsprechenden Schritt angekündigt. Die Maßnahme der Stuttgarter war ohnehin erwartet worden, denn nach der Fusion zwischen Daimler-Benz und Chrysler hatte man bei Daimler kaum etwas ausgelassen, um sich amerikanischen Bräuchen anzupassen. In den USA sind Namensaktien (Registered Shares) die bei weitem verbreitetste Aktienkategorie. Zwar spricht die leichtere Übertragbarkeit für Inhaberaktien, aber andererseits hat es dem Aktienhandel in den USA noch nie Probleme bereitet, dass dort Namensaktien die Regel sind. Für institutionelle Großanleger, die ja die Richtung an den Börsen bestimmen, ist das ein wichtiger Aspekt.

Durch Namensaktien haben die Unternehmen außerdem die Möglichkeit, ihre Anteilseigner gezielt anzusprechen und zu informieren. Als „Investor Relations“ sind solche Maßnahmen zum Beispiel in den USA seit Jahrzehnten üblicher Standard. Die deutschen Unternehmen zeigen gerade in jüngster Zeit allerdings immer mehr Bereitschaft, die Fehler der Vergangenheit vergessen zu lassen.

Die Aktie im Vergleich zu anderen Anlageformen

Vor dem Aktienkauf muss man mehrere Entscheidungen treffen. Zunächst geht es darum, welche Vor- und Nachteile Aktien gegenüber anderen Formen der Geldanlage aufweisen. Zu beachten sind dabei vor allem drei Kriterien: Sicherheit, Rendite und Liquidität. Jede Investition ist hinsichtlich dieser Gesichtspunkte einordnen.

Was die Sicherheit betrifft, muss der Aktionär Abstriche machen. Aktien unterliegen Kursrisiken. Im Gegensatz zu festverzinslichen Wertpapieren garantieren Aktien keinen Anspruch auf Zinsen und Tilgung. Der Kurswert einer Aktie hängt von vielen Faktoren ab, und niemand kann dem Aktionär garantieren, dass er mit seiner Investition Gewinne machen wird. Wenn es ganz schlecht läuft, kann ein Unternehmen in Konkurs gehen, und die Aktien werden wertlos. Andererseits muss man festhalten: Neben Immobilien haben sich Aktien langfristig tatsächlich als die sicherste Geldanlage erwiesen. Man kann Verlustrisiken begrenzen und damit sicherstellen, dass man auf lange Sicht positiv abschneidet. Man kann also sagen, dass Aktien auf kurze Sicht zwar Verlustrisiken aufweisen, langfristig aber eine überdurchschnittlich sichere Form der Geldanlage sind.

Die Rendite ist ein großer Pluspunkt der Geldanlage in Aktien. Mit keiner anderen Investition außer natürlich mit ausgewählten Immobilien ist soviel Geld verdient worden. Allerdings gelten auch hier die schon beim Punkt Sicherheit erwähnten Einschränkungen. Kurzfristig können Aktien Kursverluste erleiden, und die Rendite kann in den Minusbereich abrutschen. Wer zum Beispiel im Juni 1998 deutsche Aktien gekauft hatte, verzeichnete am Ende des Jahres ein kräftiges Minus. Wer dann kaufte, hat sein Geld allerdings bis

Februar 2000 glatt verdoppelt. Entsprechendes gilt für einige andere Perioden. Je länger der betrachtete Zeitraum, desto besser schneiden Aktien im Vergleich zu anderen Formen der Geldanlage ab.

Eine kleine, aber nicht unwesentliche Einschränkung: Die Tatsache, dass Aktien in der Vergangenheit überdurchschnittliche Renditen erbracht haben, ist keine Garantie dafür, dass dies auch in Zukunft so sein wird. Es spricht aber viel dafür, dass Aktionäre auch in den nächsten Jahren gut abschneiden werden. Die Anleger von heute stehen dem Thema Aktien weitaus aufgeschlossener gegenüber als die von gestern. Daher dürfte vor allem in Deutschland in Zukunft mehr Geld in Dividendenpapiere fließen, als dies in der Vergangenheit der Fall war. Private Altersvorsorge wird immer wichtiger, und Aktien sind ein bedeutender Teil davon. Außerdem leben wir in einer Phase des Umbruchs. In Branchen wie Pharmazie/Biotechnologie, Telekommunikation oder Internet gibt es enorme Fortschritte, und mit Aktien der Unternehmen, die diese Fortschritte erzielen, wird in den kommenden Jahren so manches Vermögen zu verdienen sein.

Auch was die Liquidität betrifft, gibt es mit Aktien keine Probleme: Man kann sie an jedem Börsentag zu Geld machen. Allenfalls kleinere Einschränkungen sind hier fällig: Es gibt Aktien, die nicht allzu lebhaft gehandelt werden. Bei solchen Aktien kann es sein, dass an manchen Tagen gar kein Umsatz zustande kommt. Wer solche Aktien im Depot hat, muss also manchmal einige Zeit warten, bis er größere Positionen verkaufen kann. Man sollte daher grundsätzlich solche Aktien bevorzugen, die ein relativ hohes Börsenumsatzvolumen und eine recht hohe Marktkapitalisierung aufweisen, und die man daher auch an jedem beliebigen Tag in größeren Stückzahlen kaufen oder verkaufen kann.

Grundsätzlich ist das Umsatzvolumen einer Aktie von ihrer Marktkapitalisierung und vom Anteil des Streubesitzes abhängig. Je höher diese Werte, desto üppiger fallen in der Regel auch die täglichen Börsenumsätze aus. Unter dem Streubesitz versteht man den Prozentsatz der ausgegebenen Aktien, der nicht in festen Händen institutioneller Anleger oder Banken ist und damit für den Börsenhandel zur Verfügung steht.

Gerade bei deutschen Aktien bestehen zwischen der Marktkapitalisierung und dem Streubesitz oft erhebliche Unterschiede, weil Banken, andere Unternehmen oder institutionelle Anleger große Aktienpakete als Dauerinvestition halten. Diese Papiere kommen nicht an die Börse, und das verringert die Liquidität der entsprechenden Aktie. Das Extrembeispiel am deutschen Markt ist der Automobilhersteller Audi: Die Marktkapitalisierung beträgt zwar mehr als drei Milliarden Euro, aber 99 Prozent der Aktien sind bei der Muttergesellschaft Volkswagen in festen Händen. Nur ein Prozent aller Audi-Aktien steht dem Börsenhandel also effektiv zur Verfügung. Noch eine Einschränkung: Man kann Aktien zwar börsentäglich verkaufen, wird dabei aber nicht unbedingt den gewünschten Kurs erzielen. Das gehört zum Börsenalltag, und daher sollte man auch niemals Geld in Aktien investieren, das man kurzfristig für andere Zwecke benötigt. Sonst muss man eventuell billiger verkaufen, als man es eigentlich geplant hatte.

Was die drei wichtigsten Kriterien der Geldanlage betrifft, schneiden Aktien also recht gut ab: Die Liquidität ist gewährleistet, die Rendite stimmt, und die Frage der Sicherheit kann man ebenfalls in den Griff bekommen. Es gibt übrigens keine Geldanlage, die bei größtmöglicher Sicherheit maximale Renditen garantiert.

Ein guter Maßstab für risikolos erzielbaren Vermögenszuwachs ist die Rendite von Bundesanleihen. Wer sie kauft und bis zur Fälligkeit hält, kann mit einer bestimmten Rendite rechnen, die für sämtliche Anleihenlaufzeiten in allen

Medien veröffentlicht wird. Wer mehr Rendite will, muss ein bestimmtes Risiko eingehen. Er kann zum Beispiel Aktien kaufen, muss allerdings wissen, dass es dabei keine Renditegarantie gibt.

Die Dividende

Die Aktienurkunde besteht aus zwei Teilen: Auf dem **Mantel** sind unter anderem der Nennwert sowie Name und Sitz der AG angegeben. Der **Bogen** besteht aus den Dividendenscheinen und dem Erneuerungsschein oder Talon. Vom jährlichen Abschneiden der Dividendenscheine kommen übrigens auch die Redewendungen „Einen guten Schnitt machen“ und „Gut abschneiden“. Sind die Scheine aufgebraucht, so berechtigt der Erneuerungsschein zum Bezug eines neuen Dividendenscheinbogens. Das Anrecht, bei Ausschüttung einer Dividende gemäß seinem Anteil am Grundkapital berücksichtigt zu werden, gehört zu den wichtigsten Anreizen, Geld in Aktien zu investieren.

Eigentlich gibt es ohnehin nur zwei gute Gründe für Aktienkäufe: Die Aussicht auf Dividendeneinkommen und die Hoffnung auf Kursgewinne.

In Deutschland legt man mehr Wert auf Dividendenausschüttungen als in anderen Ländern; ja es gilt oft als Zeichen für schlechten Geschäftsgang, wenn keine Dividenden gezahlt werden. In den USA sieht man das nicht so eng. Einige der erfolgreichsten amerikanischen Unternehmen haben noch nie Bardividenden ausgeschüttet und werden dies auch in Zukunft nicht tun. Ihre Aktionäre hatten nie etwas dagegen, denn schließlich sind viele von ihnen durch Kursgewinne zu Millionären geworden.

Im Prinzip hat eine Aktiengesellschaft zwei Möglichkeiten, erwirtschaftete Gewinne zu verwenden: Sie können in Form von Dividenden an die Aktionäre ausgeschüttet werden oder beim Unternehmen verbleiben. Im letztgenannten Fall werden die Profite in die Gewinnrücklagen eingestellt, was die Kapitalbasis des Unternehmens stärkt. Es ist also nicht unbedingt ein schlechtes Zeichen, wenn eine AG keine Dividenden zahlt. Auf Probleme kann man eigentlich nur dann schließen, wenn ein Unternehmen lange Zeit regelmäßige Ausschüttungen vorgenommen, diese womöglich sogar von Jahr zu Jahr erhöht hat, und dann plötzlich eine Kürzung vornimmt oder die Zahlung für ein bestimmtes Geschäftsjahr ganz aussetzt.

Unterschätzen sollte man eine überdurchschnittliche und einigermaßen gesicherte Dividendenrendite nicht. Zumindest stellt sie eine recht gute Absicherung gegen Kursverluste dar, weil ab einem bestimmten Niveau renditeorientierte Anleger aufmerksam werden. Ihre Käufe können für eine dauerhafte Kursstabilisierung sorgen.

Wir haben nun schon einige wichtige Aspekte von Aktienengagements besprochen. Wahrscheinlich ist es sinnvoll, schon an dieser Stelle die wichtigsten Erfolgsregeln für das Börsengeschäft kurz zusammenzufassen:

19 Grundregeln für den Aktienerfolg

1. Setzen Sie niemals alles auf eine Karte, sondern achten Sie auf eine ausgewogene Depotstruktur. Machen Sie sich Gedanken, ob Sie schnelle Kursgewinne oder langfristigen Wertzuwachs ihres Depots anstreben. Dieser Aspekt ist entscheidend für die Auswahl der „richtigen“ Aktien.

2. Ihr Depot muss übersichtlich bleiben, denn Sie wollen und müssen sich über die Wertentwicklung der einzelnen Positionen ständig informieren. Mehr als etwa zwölf Einzelwerte sollten es daher nicht sein. Verzetteln Sie sich nicht.

3. Schon vor dem Kauf sollten Sie sich über die Gebühren informieren, die beim Erwerb, beim Verkauf und für die Verwahrung Ihrer Papiere anfallen. Wenn Sie Ihr Depot häufig umschichten, kann der Wechsel zu einem Discount-Broker für Sie interessant sein. Wenn Sie Ihre Papiere dagegen jahrelang halten wollen, lohnt sich ein solcher Schritt in der Regel nicht.

4. Aktien sind Risikopapiere. Vorübergehende Kursverluste können jederzeit eintreten. Setzen Sie daher nur solche Gelder für Aktienkäufe ein, die Sie voraussichtlich in absehbarer Zeit nicht für andere Zwecke benötigen.

5. Neben einer ausgewogenen Depotstruktur schützen auch Stopp-Kurse vor allzu schmerzlichen Kursverlusten. Machen Sie sich also schon vor dem Kauf Gedanken darüber, zu welchem Kurs Sie notfalls verkaufen würden, wenn die Aktie sich nicht wie erhofft entwickelt.

6. Setzen Sie vorsichtshalber bei Kauf und Verkauf ein Kurslimit. So schützen Sie sich vor unliebsamen Überraschungen. Besonders wichtig ist die Limitierung an Börsentagen mit hektischen Kursbewegungen und hohen Umsätzen. Bei sehr marktbreiten Standardwerten wie den DAX-30-Titeln darf man notfalls auch auf ein Limit verzichten, aber schaden kann eine Limitierung auch bei solchen Aktien nicht.

7. Legen Sie keinen allzu großen Wert auf die Dividenden-

renditen Ihrer Aktien. Zum einen kann niemand sagen, ob die Ausschüttungen auch in Zukunft so hoch ausfallen werden, zum anderen müssen Sie Dividendeneinnahmen im Gegensatz zu Kursgewinnen in der Regel versteuern. Bei stark im Kurs gedrückten Aktien kann eine hohe, auch für die Zukunft einigermaßen sichere Dividendenrendite allerdings ein Polster gegen weitere Kursverluste sein.

8. Werden Sie nicht gierig und nehmen Sie Kursgewinne auch einmal mit, statt auf immer noch höhere Zuwächse zu warten. An Gewinnmitnahmen ist noch kein Börsianer zugrunde gegangen.

9. Vertrauen Sie nicht auf „heiße Tipps", sondern bilden Sie sich selbst ein Urteil über die Kurschancen einer Aktie. Wer auf andere vertraut, zahlt für deren Fehleinschätzungen mit.

10. Streben Sie steuerfreie Kursgewinne an. Wenn eine Aktie mindestens ein Jahr und einen Tag in Ihrem Depot war, brauchen Sie Kursgewinne in jeder beliebigen Höhe nicht mit dem Finanzamt zu teilen.

11. Auch innerhalb eines Jahres durch Verkauf realisierte Kursgewinne bleiben steuerfrei, wenn sie pro Kalenderjahr und Person 999 DM nicht übersteigen. Aber Achtung: Steuerrechtlich handelt es sich hier nicht etwa um einen Freibetrag, sondern um eine Freigrenze. Erzielen Sie 1010 DM an Spekulationsgewinnen, dann müssen Sie nicht nur zehn DM, sondern den vollen Betrag versteuern.

12. Globalisierung ist angesagt. Diversifizieren Sie Ihr Depot daher nicht nur nach Branchen, sondern auch nach Ländern. Wer auf bestimmte Branchen wie Metalle, Öl oder

Computer setzt, muss ohnehin über die Landesgrenzen schauen, weil deutsche Unternehmen hier kaum oder gar nicht vertreten sind.

13. Wenn eine Auslandsaktie an einer deutschen Börse notiert wird, so ist dies kein zureichender Grund, sie auch dort zu kaufen. An deutschen Börsen werden vor allem für kleinere Auslandswerte oft unfaire Kurse gestellt. Setzen Sie auf alle Fälle ein Kurslimit auf Basis des Schlusskurses an der jeweiligen Heimatbörse.

14. Lassen Sie sich niemals zu einer Spekulation auf Kredit hinreissen. Dabei kann man sich ruinieren, wenn die Auswahl oder das Timing nicht stimmen oder wenn man auch nur ein wenig Pech hat.

15. Überprüfen Sie Ihr Depot von Zeit zu Zeit und verkaufen Sie alle Aktien, die Sie nicht zum jeweils aktuellen Kurs wieder oder immer noch kaufen würden.

16. Halten Sie sich auf dem Laufenden und sammeln Sie alle verfügbaren Informationen über die Aktien in ihrem Depot und über solche Titel, deren Kauf Sie erwägen.

17. Manchmal braucht man ein wenig Geduld. Kaufen Sie nicht ausgerechnet dann, wenn an der Börse Haussestimmung herrscht. Sehen Sie sich lieber nach zurückgebliebenen Titeln um, deren Hausse erst noch bevorsteht.

18. Bleiben Sie auf dem Teppich und räumen Sie der Börse in Ihrem Leben nicht mehr Bedeutung ein, als ihr zukommt. Nehmen Sie Verluste als das, was sie sind: Ein unvermeidlicher Teil des Börsianerlebens. Andererseits sollten Sie Ihre Fähigkeiten nicht überschätzen, nachdem Sie einige hohe

Gewinne erzielt haben. Der nächste Rückschlag kommt bestimmt.

19. Entscheidend ist die Wertentwicklung Ihres Gesamtdepots. Zögern Sie daher nicht, offensichtliche Fehlspekulationen mit kleinen Verlusten glattzustellen. Wenn Sie richtig liegen, sollten Sie nicht zu früh verkaufen. Entscheidend für den Börsenerfolg ist und bleibt es, dass man seine Verluste begrenzt und seine Gewinne ausbaut.

Um es noch einmal hervorzuheben: Aktien bergen Verlustrisiken. Bevor Sie Aktien kaufen, sollten Sie also überlegen, worauf Sie sich einlassen. Als Aktionär sind Sie Miteigentümer eines Unternehmens, und die Rendite Ihrer Investition hängt vor allem davon ab, wie erfolgreich dieses Unternehmen in Zukunft wirtschaften wird. Zwar kann auch der Anleihenbesitzer eine böse Überraschung erleben, wenn sein Schuldner zahlungsunfähig wird, aber dieser Gefahr kann er dadurch vorbeugen, dass er nur Schuldtitel erstklassiger Emittenten kauft.

Im Vergleich dazu geht der Aktionär ein höheres Risiko ein. Im schlimmsten Fall kann das Unternehmen in Konkurs geraten, und die Aktien werden wertlos. Die Wirtschaftsgeschichte ist voll von spektakulären Pleiten.

Mit der Gefahr von Kursverlusten muss der Aktionär immer rechnen. Selbst die besten Aktien dieser Welt haben schon enorme Kurseinbrüche erlebt, und das wird auch in Zukunft wieder passieren. Jeder Anleger muss für sich selbst die Frage beantworten, ob er sich auf solche Risiken einlassen will. Wer diese Frage verneint, ist mit erstklassigen Anleihen besser bedient als mit Aktien.

Die Kapitalerhöhung

Wenn Unternehmen Kapital benötigen, haben sie grundsätzlich zwei Möglichkeiten: Sie können bei ihren Hausbanken Kredite aufnehmen oder eine Anleihe auf den Markt bringen. In beiden Fällen handelt es sich um Fremdkapital, das verzinst und schließlich zurückgezahlt werden muss.

Aktiengesellschaften haben aber auch noch eine andere Möglichkeit der Kapitalbeschaffung: Sie können auf dem Weg über eine ordentliche Kapitalerhöhung (§§182 – 191 Aktiengesetz) das Grundkapital erhöhen. Die AG gibt dabei neue Aktien aus, und zwar zu einem festgesetzten Emissionskurs. Er liegt in der Regel deutlich unter dem aktuellen Börsenkurs der „alten" Aktien des Unternehmens, um die Teilnahme an der Kapitalerhöhung attraktiv zu machen.

Das Grundkapital der AG erhöht sich um die Summe der Nennwerte der neuen Aktien – falls die Titel des Unternehmens mit einem Nennwert ausgestattet sind. Tatsächlich fließt dem Unternehmen aber mehr Geld zu, da der Kurswert der Altaktien, an dem sich der Emissionspreis der neuen Aktien orientiert, meist weit über dem Nennwert liegt. Bei einer ordentlichen Kapitalerhöhung haben die Aktionäre das Recht, entsprechend ihrer bisherigen Beteiligung am Grundkapital neue Aktien zu erwerben. Dieses Recht nennt man Bezugsrecht. Wird die Kapitalerhöhung im Verhältnis 5:1 durchgeführt – das heißt: für je fünf alte Aktien wird eine neue ausgegeben und das Grundkapital somit um 20 Prozent erhöht –, so kann der Altaktionär für je fünf alte Aktien eine neue erwerben. Danach besitzt er sechs Aktien, und an seiner prozentualen Beteiligung an der AG hat sich nichts geändert.

Ganz so glatt läuft es allerdings nicht immer. Ein Aktionär hält zum Beispiel eine Anzahl Aktien, die nicht durch fünf teilbar ist. Er kann zusätzliche Bezugsrechte erwerben oder die überschüssigen verkaufen. Er kann natürlich auch alle seine Bezugsrechte zu Geld machen, wenn er an der Kapitalerhöhung nicht teilnehmen will. Solche Transaktionen können während der etwa zweiwöchigen Bezugsfrist vorgenommen werden. In dieser Zeit werden die Bezugsrechte an der Börse gehandelt. Theoretisch entspricht der Wert eines Bezugsrechts der Wertminderung, die eine Altaktie durch die Kapitalerhöhung erfährt. Die Formel zur Berechnung lautet:

$$\text{Wert} = \frac{\text{Kurs der Altaktie} - \text{Emissionspreis der jungen Aktie}}{\text{Bezugsverhältnis} + 1}$$

Bei einer Kapitalerhöhung im Verhältnis 5:1, einem Kurs der Altaktien von 300 Euro und einem Emissionspreis der neuen Aktien von 240 Euro liegt der Wert des Bezugsrechts bei (300 – 240) : (5 + 1) = 10 Euro.

Da das Bezugsrecht am Beginn der Bezugsfrist von der Altaktie abgetrennt wird, sinkt ihr Kurs, theoretisch um den Wert des Bezugsrechts, in unserem Beispiel um zehn Euro.

Rein rechnerisch bleibt es sich aus der Sicht eines Altaktionärs also gleich, ob er an der Kapitalerhöhung teilnimmt oder seine Bezugsrechte verkauft. Während der Bezugsfrist unterliegt der Kurs der Altaktie – und damit der Wert des Bezugsrechts – selbstverständlich den an der Börse üblichen Schwankungen. Es kann also durchaus sein, dass der Wert des Bezugsrechts sich in diesem Zeitraum mehr oder weniger deutlich nach oben oder unten bewegt.

Die Frage, ob man nun an einer Kapitalerhöhung teilnehmen oder sein Geld lieber anderweitig investieren soll, lässt sich nicht allgemeingültig beantworten. Schon kurz nach der Ankündigung einer solchen Kapitalmaßnahme kann man allerdings an der Reaktion der Börse ablesen, ob die Konditionen positiv oder ablehnend aufgenommen werden. Letzten Endes steht der Aktionär vor der Entscheidung, ob er zusätzliches Geld in ein Unternehmen investieren will, an dem er schon beteiligt ist. Die Antwort auf diese Frage hängt vor allem davon ab, wie er die Perspektiven „seiner" AG beurteilt. Das gilt jedenfalls bei einer ordentlichen Kapitalerhöhung.

Zur Ausgabe von **Gratis**- oder besser: **Berichtigungsaktien** kommt es, wenn die AG eine Kapitalerhöhung aus Gesellschaftsmitteln durchführt. Im Gegensatz zur ordentlichen Kapitalerhöhung müssen die Altaktionäre für die neuen Aktien nichts entrichten, denn es handelt sich lediglich um eine Umwandlung offener Rücklagen in Grundkapital. Eine erwünschte Nebenwirkung: Weil die AG durch die Kapitalumschichtung nicht mehr wert geworden ist, aber zusätzliche Aktien emittiert hat, sinkt der Kurs gleichsam automatisch. Dadurch wird die Aktie optisch billiger.

Werden zum Beispiel Berichtigungsaktien im Verhältnis 1:1 ausgegeben, dann sinkt der Aktienkurs theoretisch auf die Hälfte des Werts vor der Kapitalmaßnahme. Das ist auch logisch: Da sich die Zahl der Aktien erhöht hat, repräsentiert eine einzelne Aktie nun einen kleineren Anteil am Gesamtvermögen.

Für den Altaktionär ändert sich dadurch nichts: Falls er vorher vier Aktien mit einem Kurswert von je 50 Euro hatte, so besitzt er nach der Kapitalerhöhung acht Papiere, von denen jedes 25 Euro wert ist. Die optische Absenkung des Kurswerts könnte die Aktien allerdings für Investoren interessant machen, denen sie bei 50 Euro pro Stück zu „teuer" erschienen waren.

Neben der ordentlichen Kapitalerhöhung und der Kapitalerhöhung aus Gesellschaftsmitteln gibt es auch die bedingte Kapitalerhöhung. Sie ist für die Gewährung von Umtauschrechten für die Inhaber von Wandel- und Optionsanleihen vorgesehen. Außerdem kann sie zur Vorbereitung einer Fusion mit einem anderen Unternehmen dienen.

Eine Kapitalerhöhung ist übrigens nicht mit einer **Aktienteilung (Split)** zu verwechseln. Beim Split kommt es nämlich nicht zu einer Erhöhung des Grundkapitals, sondern es wird lediglich für eine bisher gültige Aktie eine bestimmte Anzahl neuer Titel ausgegeben. Auch beim Split entsteht also für den Aktionär weder ein Gewinn noch ein Verlust. Nach der Maßnahme besitzt er zwar mehr Aktien, aber am Gesamtwert ändert sich nichts. War die Aktienteilung früher vor allem in den USA eine verbreitete Maßnahme zur "Verbilligung" von Aktien, so greifen jetzt auch deutsche Unternehmen immer öfter darauf zurück. Vor allem einige Titel am Neuen Markt wurden durch einen Split „billiger" gemacht.

Durch einen Split wird die Zahl der ausgegeben Aktien also erhöht. Eine Maßnahme, die im Gegensatz dazu steht und zu einer Verminderung der Aktienanzahl führt, hat in letzter Zeit immer mehr an Bedeutung gewonnen: Der Rückkauf eigener Aktien durch Unternehmen.

In den USA haben einige große Unternehmen in den vergangenen Jahren ganz massiv eigene Aktien zurückgekauft. In Deutschland war dies bis vor kurzem nicht erlaubt, doch seit die Gesetzeslage sich verändert hat, ergreifen auch immer mehr deutsche Unternehmen diese Maßnahme. Im August 1999 hatten nicht weniger als 238 deutsche Aktiengesellschaften den Rückkauf eigener Papiere beschlossen.

Sinnvoll ist der Rückkauf nur dann, wenn ein Unternehmen gute Gründe hat, die eigene Aktie für unterbewertet zu halten. In solchen Fällen ist der Kauf auch ein deutliches Signal an die Börse: Wenn die Unternehmensführung, die es ja eigentlich am besten wissen sollte, die eigene Aktie für krass unterbewertet hält, dann ist sie vielleicht tatsächlich zu billig. Ansonsten würde das Management das Geld wohl anderweitig investieren.

Rückkäufe eigener Aktien sind also durchaus dazu geeignet, auf längere Sicht für steigende Kurse zu sorgen. Wenn die Anzahl der ausgegebenen Aktien kleiner wird, steigt theoretisch der Wert jedes einzelnen Anteilsscheins. Auch für die Unternehmen hat der Aktienrückkauf Vorteile. Zunächst tut das Management damit etwas für die Aktionäre. Zudem werden Dividendenzahlungen eingespart, wenn weniger Aktien im Umlauf sind. Damit muss ein geringerer Teil der Gewinne ausgeschüttet werden, oder der Spielraum für Dividendenerhöhungen auf die verbliebenen Aktien wird größer.

Ein kleines Manko muss aber genannt werden: Die Schutzgemeinschaft der Kleinaktionäre (SdK) beklagte im Sommer 1999, dass Aktienrückkäufe in Deutschland meist nicht im Interesse der Anteilseigner vorgenommen wurden, sondern anderen Zielen dienten: Oft wurden die Papiere nicht eingezogen, sondern an institutionelle Investoren verkauft, oder sie dienten dem Aktientausch im Rahmen der Fusion mit einem anderen Unternehmen. Durch die Rückkäufe wurde die Zahl der ausgegebenen Aktien also nicht geringer, es änderte sich lediglich die Aktionärsstruktur. Zusammenfassend kann man sagen: Die Ankündigung eines Aktienrückkaufprogramms ist kein zureichender Grund, eine bestimmte Aktie zu kaufen. Aber ein kleiner Pluspunkt ist sie in den meisten Fällen schon.

So läuft der Aktienhandel in Deutschland

Börsenplätze und Handelssegmente

Die Bedeutung der einzelnen deutschen Börsen ist sehr unterschiedlich. Mit Abstand der größte Teil des Handels mit deutschen Standardwerten konzentriert sich auf die Frankfurter Börse. Unabhängig vom jeweiligen Börsenplatz gibt es in Deutschland vier Handelssegmente.

Im **amtlichen Handel** gibt es die strengsten Formvorschriften. Zur Börseneinführung muss ein Emissionsprospekt vorgelegt werden, der genaue Angaben über das Unternehmen enthält (§ 36 Börsengesetz). Bilanzen und Zwischenberichte der Aktiengesellschaft müssen im Bundesanzeiger oder einer als Börsenpflichtblatt zugelassenen Publikation veröffentlicht werden. Kassakurse und fortlaufende Notierungen der betreffenden Aktie werden im amtlichen Kursblatt der Börse veröffentlicht. Das Eigenkapital einer Aktiengesellschaft, die die Zulassung zum amtlichen Handel erhalten will, darf nicht weniger als 2,5 Millionen Mark betragen.

Der **Geregelte Markt** wurde im Mai 1987 als Vorstufe zum amtlichen Handel an deutschen Börsen eingeführt. Im Allgemeinen bestehen weniger strenge Formvorschriften als im amtlichen Handel, und die Publikation von Zwischenberichten ist nicht obligatorisch. Zur Einführung genügt ein Eigenkapital von 500 000 Mark. Bei seiner Konzeption war der Geregelte Markt quasi als Vorstufe zum amtlichen Handel gedacht. Kleinere und mittelgroße deutsche Unternehmen sollten hier an die Börse gebracht werden, um später in den amtlichen Handel zu wechseln. Dieses Konzept hat sich durchaus bewährt.

Der **Freiverkehr** hat an deutschen Börsen eine lange Tradition. Es bestehen keine besonderen Zulassungsvorschriften, allerdings müssen Unternehmensberichte dem Freiverkehrsausschuss der jeweiligen Börse zugänglich gemacht werden. Da keine besondere Börsenzulassung nötig ist, können Aktien ohne größere Formvorschriften an der Börse eingeführt werden. Nicht zuletzt aus diesem Grund ist das Qualitätsspektrum im Freiverkehr wesentlich breiter als in allen anderen Handelssegmenten. Viele namhafte Auslandsaktien werden an deutschen Börsen im Freiverkehr gehandelt, weil die Zulassung zum amtlichen Handel mit so strengen Publizitätsvorschriften und entsprechend hohen Kosten verbunden ist. Die ausländischen Unternehmen bemühen sich daher oft – wenn überhaupt – nur an einer deutschen Börse um die Zulassung zum amtlichen Handel, an anderen Plätzen werden ihre Titel im Freiverkehr notiert.

Eine ganz andere Frage ist es natürlich, ob er sie sinnvollerweise nicht gleich an der ausländischen Heimatbörse kaufen sollte. Die bloße Tatsache, dass eine bestimmte Aktie im Freiverkehr gehandelt wird, ist jedenfalls an sich kein Qualitätsmangel. Man muss schon genauer hinsehen und sich über die jeweiligen Unternehmen informieren.

Für das größte Aufsehen hat in letzter Zeit sicher das vierte und jüngste Handelssegment an deutschen Börsen gesorgt: Der **Neue Markt**. Dieser Handelsbereich wurde konzipiert, um jungen und kleinen Unternehmen aus zukunftsträchtigen Branchen die Möglichkeit zum Börsengang zu ebnen. Dabei stand der Gedanke an den riesigen Erfolg der amerikanischen Computerbörse NASDAQ Pate. Viele der dort notierten Unternehmen wie Microsoft, Apple Computer, Compaq oder Cisco Systems sind innerhalb weniger Jahre von Garagenbetrieben zu milliardenschweren Weltmarktführern geworden. Als das neue deutsche Handelssegment am 11. März 1997 mit nur zwei Aktien startete, hätte allerdings kaum jemand einen Pfennig darauf verwettet, welchen Stellenwert der Neue Markt innerhalb kürzester Zeit für das Börsengeschehen und die Aktienkultur in Deutschland einnehmen würde. Alles in allem kann das neue Handelssegment als voller Erfolg gelten. Die Zulassungsvoraussetzungen zum Neuen Markt sind streng:

- *Das Emissionsvolumen muss mindestens zehn Millionen Mark betragen.*
- *Der Streubesitz muss bei mindestens 15 Prozent liegen; erwünscht ist ein Minimum von 25 Prozent.*
- *Es werden ausschließlich Stammaktien zur Emission zugelassen.*
- *Es muss ein Betreuer (Market Maker) für den Handel bestellt werden.*
- *Der Börsenzulassungsprospekt muss internationalen Standards entsprechen.*
- *Ein Übernahmekodex muss akzeptiert werden.*
- *Unternehmenspublikationen müssen in englischer und deutscher Sprache veröffentlicht werden.*
- *Die Emission muss möglichst zu mehr als 50 Prozent aus einer Kapitalerhöhung stammen.*
- *Die Altaktionäre müssen ihre Titel bis mindestens sechs Monate nach dem Börsengang halten.*

An den acht deutschen Börsen werden nicht nur Aktien, sondern auch festverzinsliche Wertpapiere, Devisen und Derivate wie zum Beispiel Optionsscheine notiert. Die Börsenhandelszeiten sind für alle Börsen 9.00 bis 17.30 Uhr.

Börse Frankfurt	Aktien u. Optionsscheine Renten Neuer Markt XETRA
Börse Düsseldorf	Wertpapiere Devisen
Börse München	Aktien Renten
Börse Berlin	Aktien
Börse Stuttgart	Aktien u. Optionsscheine Renten
Börse Hamburg	Aktien
Börse Bremen	Aktien
Börse Hannover	Aktien u. Optionsscheine

Wie man hört, dürften die Handelszeiten in Zukunft noch weiter ausgedehnt werden. So plant die Deutsche Börse AG in Frankfurt, ihre Handelszeiten schon bald weiter zu verlängern. Ab dem 17. April 2000 soll das elektronische Handelssystem XETRA den Handel bis 20.00 Uhr ermöglichen.

Für den Privatanleger wesentlich interessanter ist eine andere Entwicklung. Traditionell gibt es an deutschen Börsen den Kassamarkt und den variablen Handel. Am Kassamarkt werden Aktien gehandelt, deren tägliche Börsenumsätze gering ausfallen. Daher wird täglich nur ein Kurs festgestellt, zu dem ein Maximum aller vorliegenden Kauf- und Verkaufsorders abgewickelt werden kann. Die umsatzstarken Standardwerte werden dagegen variabel gehandelt. Täglich werden so viele Kurse ermittelt, wie durch Angebot und Nachfrage zustande kommen.

Der variable Aktienhandel kam früher für Privatanleger kaum in Frage. Der erforderliche Mindestschluss, also die Mindeststückzahl, lag in der Regel bei 50 Aktien. Wer Anfang der 90er Jahre zum Beispiel Daimler-Aktien variabel handeln wollte, musste schon etwa 35 000 Mark dafür aufwenden. Das war und ist recht viel Geld. Die Lage wurde besser, als viele Aktiengesellschaften den Nennwert von 50 auf fünf Mark umgestellt hatten. Die Mindeststückzahl bei Fünf-Mark-Aktien wurde auf 100 festgelegt, obwohl aus einer „alten" Aktie durch die Nennwertumstellung ja zehn neue geworden waren.

Daher musste man nur noch ein Fünftel des früheren Betrags aufwenden, um am variablen Handel teilnehmen zu können. Auch das reichte aber offenbar nicht. Inzwischen hat man die Mindeststückzahl für den variablen Handel an den meisten Börsen völlig abgeschafft. Man kann also schon eine einzige Aktie variabel erwerben oder verkaufen.

Im elektronischen Handelssystem XETRA (Kürzel für (E**X**change **E**lectronic **TRA**ding) können Anleger schon seit dem 12. Oktober 1998 alle in Frankfurt notierten Aktien ohne Mindeststückzahl handeln. Bis zum Sommer 1998 gab es auch hier noch Mindeststückzahlen, und es wurden lediglich 109 deutsche Aktien im XETRA-System notiert.

Dabei handelte es sich um die Werte aus dem DAX-30, dem MDAX, die Vorzugsaktien solcher Unternehmen, deren Stammaktien im DAX vertreten sind (wobei es bei SAP exakt umgekehrt war) und die Aktie von ProSieben.

Das Spektrum ist später auf alle in Frankfurt notierten Wertpapiere ausgedehnt worden, und die Mindeststückzahl wurde abgeschafft. Es gibt noch einige weitere wichtige Besonderheiten:

- *Es ist nun möglich, im XETRA-System Stop-Loss-Aufträge zu erteilen. Bei Unterschreiten des Stop-Kurses wird die Position sofort verkauft.*
- *Etwa 80 Prozent der Frankfurter Börsenumsätze in den DAX-30 Werten entfallen auf XETRA.*
- *Seit dem 21. Juni 1999 ermittelt die Deutsche Börse AG den Stand des DAX-30 und des MDAX nur noch aus XETRA-Kursen. Der altbekannte Parkett-DAX ist damit abgeschafft. Die Ermittlung des MDAX-Standes anhand der XETRA-Kurse ist und bleibt allerdings umstritten, da nach wie vor der Großteil der Aufträge in den MDAX-Werten im Parketthandel abgewickelt wird.*
- *Standardwerte sind ab einem Ordervolumen von 100 Stück sofort in XETRA handelbar, die Titel des Neuen Markts und Auslandswerte schon ab einer Aktie. Aufträge von weniger als 100 Stück in DAX-Werten werden im Rahmen von Auktionen abgewickelt, die dreimal täglich stattfinden (8.30 Uhr, 13.00 Uhr und 17.00 Uhr).*
- *Alle Werte des Neuen Markts und des SMAX werden von mindestens einem Experten (Designated Sponsor) betreut. Er stellt auf Antrag verbindliche Geld- und Briefkurse.*

Die Frankfurter Börse weist selbst darauf hin, dass es sich bei Nebenwerten empfiehlt, limitierte Aufträge zu erteilen. XETRA bietet also auch Privatanlegern viele Möglichkeiten. Für den Privatanleger hat sich durch die rasante Entwicklung der vergangenen Jahre vor allem ein Vorteil ergeben: Er kann heute im elektronischen Handel variable Stückzahlen ordern, und das war noch vor wenigen Jahren ausschließlich den Profis vorbehalten. Das erleichtert zwar nicht die Wahl der richtigen Aktie, aber dafür ihren Kauf.

Kurszusätze und Erläuterungen

Wenn man eine Kurstabelle betrachtet, stößt man bei vielen Aktien auf zusätzliche Erläuterungen. Obwohl sich natürlich jeder Börsianer in erster Linie für den Kurswert seiner Aktien interessiert, sollte man diese Kürzel nicht einfach überlesen. Sie liefern oft wichtige Details. Zum Teil lassen sie auch Rückschlüsse auf die Kursentwicklung des folgenden Tages zu. Vor allem aber machen sie deutlich, bei welchen Aktien eine Auftragslimitierung sinnvoll ist. Sehen wir uns daher die wichtigsten Kurszusätze an.

Kürzel	Bedeutung	Erklärung
b, bez oder kein dem Zusatz	bezahlt	Angebot und Nachfrage waren ausgeglichen. Außer den limitierten Aufträgen wurden auch alle zum oder über genannten Kurs limitierten Kauforders und alle zum oder unter dem Kurs limitierten Verkaufsorders durchgeführt.
B	Brief	Zum genannten Kurs lag lediglich Angebot vor, dem keine entsprechende Nachfrage gegenüberstand. In dem betreffenden Wertpapier fanden keine Umsätze statt.
G	Geld	Es lag lediglich Nachfrage zum genannten Kurs vor, dem kein entsprechendes Angebot gegenüberstand. Es fanden keine Umsätze statt.
bB	bezahlt Brief	Zum genannten Kurs fanden Umsätze statt. Es gab jedoch noch zusätzliches Angebot zu diesem Kurs, für das sich kein Käufer fand.

ebB	etwas bezahlt Brief	Zum genannten Kurs fanden Umsätze statt, die jedoch nur kleine Volumina erreichten. Es gab noch zusätzliches Angebot, für das sich zu diesem Kurs kein Käufer fand.
bG	bezahlt Geld	Zum angegebenen Kurs gab es Umsätze und darüber hinaus zusätzliches Käuferinteresse ohne entsprechendes Angebot.
ebG	etwas bezahlt Geld	Es gab zum angegebenen Kurs kleine Umsätze. Darüber hinaus war zusätzliche Nachfrage vorhanden, der jedoch kein entsprechendes Angebot gegenüberstand.
- B	gestrichen Brief	Es lagen lediglich unlimitierte Ver kaufsaufträge vor. Keine Nachfrage.
- G	gestrichen Geld	Es lagen lediglich unlimitierte Kaufaufträge vor. Kein Angebot.
T	Taxkurs	Kein Umsatz. Kurs vom Kursmakler geschätzt.
r, rat oder rep	rationiert, repartiert	Es erfolgte eine beschränkte Zuteilung. Aufträge konnten nicht in Höhe der vom Auftraggeber gewünschten Stückzahlen ausgeführt werden. Die Kurszusätze r, rat oder rep kommen häufig in Kombination mit den Kürzeln bB und bG vor.
D oder ex D	ex Dividende	Kurszusatz am Tag des Dividendenabschlags, meist am Tag nach der Hauptversammlung des betreffenden Unternehmens. Die Dividende für das vergangene Geschäftsjahr ist ab dem Ex-Tag nicht mehr im Kurs enthalten.

exB, xB oder exB	ex Bezugsrecht	Kurszusatz an demjenigen Börsentag, an dem eine Aktie erstmals ohne Bezugsrecht gehandelt wird
au, ausg.	ausgesetzt	Die Aktie war am betreffenden Tag vom Börsenhandel suspensiert. Folglich fanden auch keine Umsätze statt.
ratG	rationiert Geld	Zum Kurs und höher limitierte sowie unlimitierte Kaufaufträge konnten nur in beschränkten Stückzahlen ausgeführt werden.
ratB	rationiert Brief	Zum Kurs und niedriger limitierte sowie unlimitierte Verkaufsaufträge konnten nur in beschränkten Stückzahlen ausgeführt werden.
*	Sternchen	Kleine Aufträge konnten nicht ausgeführt werden.
ex BA	ex Berichtigungs Aktien	Kurszusatz an demjenigen Börsentag, an dem die Aktie eines Unternehmens, das eine Kapitalerhöhung aus Gesellschaftsmitteln vornimmt, erstmals ohne Anspruch auf Bezug von Berichti gungsaktien (Gratisaktien) gehandelt wird.

Nun zu der Frage, welche Informationen die einzelnen Kurszusätze bieten: Taucht hinter dem Kurs einer Aktie in der Regel gar kein Kürzel, allenfalls „bG“ oder „bB“ auf, dann ist alles in Ordnung. Es handelt sich um ein Papier mit hohen Börsenumsätzen. Fällt die Kursentwicklung nicht allzu sprunghaft aus, kann zur Not auf ein Limit verzichtet werden. Ganz anders liegt die Sache, wenn über mehrere Tage Kürzel wie „T“, „- B“ oder „- G“ auftauchen. In diesen Fällen hat kein Umsatz stattgefunden, und es gibt nur Angebot, nur

Nachfrage oder keines von beiden. Das heißt in erster Linie: unbedingt limitieren! Findet über längere Zeit kein Umsatz statt, dann kann es auch sinnvoll sein, sich nach einem anderen Börsenplatz umzusehen, an dem der Titel ein wenig reger gehandelt wird.

Finden Sie bei einer Aktie über mehrere Tage den Kurs „50,00 B“ vor, dann können Sie daraus folgern: Offenbar liegt ein einziges, möglicherweise recht umfangreiches Verkaufsangebot zum Kurs von 50 Euro vor. Allerdings ist der realistische Kurs niedriger anzusetzen, denn zu 50 Euro hat seit Tagen niemand gekauft. Sollten Sie die betreffende Aktie ebenfalls verkaufen wollen, dann können Sie einen etwas niedriger limitierten Auftrag erteilen. Dann haben Sie recht gute Chancen, Ihre Papiere loszuwerden.

Umgekehrte Vorzeichen gelten, wenn über mehrere Tage Geldkurse zu verzeichnen sind. Falls Sie sich für eine Aktie interessieren, deren Kurs seit Tagen mit „100,00 G“ festgestellt worden ist, dann ist es ziemlich sinnlos, einen auf 100 Euro limitierten Kaufauftrag zu erteilen. Sie sollten also ein wenig mehr bieten, wenn Sie die Aktie wirklich haben wollen.

Spannend wird es, wenn ein Kurs ausgesetzt, die betreffende Aktie also vom Börsenhandel suspendiert worden ist. Diese Maßnahme kann verschiedene Ursachen haben, erfreuliche wie unerfreuliche, aber stets ist der Grund in einer unerwarteten Entwicklung des betreffenden Unternehmens oder der Aktie zu suchen. Ist der Kurs nur einen Tag lang ausgesetzt, dann steht in der Regel eine Unternehmensmitteilung an, die geeignet ist, den Kurs erheblich zu beeinflussen. Dabei kann es sich zum Beispiel um die Bekanntgabe einer größeren Kapitalmaßnahme oder einer geplanten Fusion handeln. Durch die Kursaussetzung soll gewährleistet werden, dass die Anleger Gelegenheit haben, die nötigen Informationen zu sammeln und entsprechend zu reagieren. Andernfalls hätten nämlich besonders gut und schnell

Informierte einen Wissensvorsprung, den sie zum Nachteil anderer ausnutzen könnten.

Wie man Aktien kauft

Nun sollten wir einmal darüber sprechen, wie man Aktien kauft. Angenommen, Sie haben sich für eine bestimmte Aktie entschieden und wollen sie nun ins Depot nehmen. Bevor Sie Ihrer Bank einen entsprechenden Auftrag erteilen, sind noch einige Überlegungen anzustellen. Handelt es sich bei Ihrem Favoriten um einen Wert, der hohe Börsenumsätze aufweist, oder ist es ein Nebenwert mit mageren Umsätzen? Dann sollten Sie unbedingt ein Limit erteilen.

Das Limit hat den Zweck, Sie vor unliebsamen Überraschungen zu bewahren. Stand Ihre Aktie am Vortag zum Beispiel bei 40 Euro, und Sie möchten höchstens 38 Euro dafür zahlen, dann sollten Sie Ihre Bank entsprechend beauftragen. Falls der Kurs am nächsten Tag auf 45 Euro steigt, kommen Sie allerdings nicht zum Zug. Ein unlimitierter Auftrag – „billigst" bei Kauf- und „bestens" bei Verkaufsorders – heißt dagegen nichts anderes als: Sie sind zu jedem Preis zu kaufen beziehungsweise zu verkaufen bereit. Es ist klar, dass bei umsatzschwachen Aktien schon kleine unlimitierte Aufträge starke Kursausschläge verursachen können, und Sie sollten sich davor schützen, in diesem Fall das Nachsehen zu haben.

Es gibt viele erfahrene Anleger, die grundsätzlich limitieren. Dagegen ist nichts einzuwenden. So kann man sich nämlich davor schützen, beim Kauf mehr zu bezahlen oder beim Verkauf weniger zu erlösen, als geplant. Andere Investoren sehen sich zunächst einmal die Umsätze der Papiere an. Je höher diese Umsätze im Durchschnitt ausfallen, desto eher kann man sich trauen, unlimitierte Orders zu erteilen.

Zusammenfassend kann man folgende Vor- und Nachteile der Limitierung festhalten: Mit einem Limit schützen Sie sich in jedem Fall vor unliebsamen Überraschungen. Andererseits kann es Ihnen mit einem zu eng limitierten Auftrag auch passieren, dass Sie wegen einer kleinen, aber doch ein wenig zu stark ausgefallenen Kursveränderung nicht zum Zug kommen, und dass die Aktie unmittelbar darauf zu genau dem Höhenflug ansetzt, den Sie erwartet hatten. Dann haben Sie das Nachsehen, und so etwas kann ärgerlich sein.

Letztlich läuft die Frage auf eine nüchterne Abwägung von Vor- und Nachteilen hinaus. Eine Faustregel: Deutsche Standardwerte, also zum Beispiel die DAX-30-Aktien, kann man auch ohne Limit kaufen und verkaufen. Allerdings gibt es eine Ausnahme von dieser Regel: An den sogenannten Triple Witching Days, an denen Terminkontrakte und Optionen auf Aktienindizes sowie Optionen auf Einzelaktien auslaufen, kann es auch und gerade bei Standardwerten zu überraschenden Kurssprüngen kommen. Eine Sonderrolle nehmen die umsatzstarken Aktien am Neuen Markt ein. Mangelnde Kauf- und Verkaufsorders sind hier nicht das Problem, aber diese Titel zeigen oft einen sehr sprunghaften Kursverlauf. Trotz gewöhnlich sehr hoher Börsenumsätze sollte man daher nicht unlimitiert ordern. Bei deutschen Nebenwerten (M-DAX, SMAX und die kleineren Unternehmen am Neuen Markt) und bei allen Auslandsaktien sollte man vorsichtshalber limitieren.

Wo soll man kaufen?

Im Prinzip sollte man immer an derjenigen Börse kaufen und verkaufen, die die höchsten Umsätze der jeweiligen Aktie aufweist. An deutschen Börsen werden weit mehr ausländische als deutsche Aktien gehandelt, und dieser Trend wird sich fortsetzen. Wer sich ein gut strukturiertes Aktiendepot zusammenstellen will, muss Papiere aus mehreren Ländern und Branchen kaufen, um seine Risiken zu reduzieren.

Eine ganz andere Frage ist es allerdings, an welcher Börse man ausländische Aktien kaufen sollte. Früher verlangten die Banken für Aufträge an ausländischen Handelsplätzen oft abschreckend hohe Gebühren, so dass sich deutsche Kleinanleger meist quasi automatisch auf solche Auslandsaktien beschränkten, die an deutschen Börsen notiert waren.

Das hat sich geändert. Der Erfolg der Discount-Broker hat die Banken gezwungen, ihre Gebühren für Auslandsorders deutlich herabzusetzen. Seither ist Preisvergleich angesagt. Vor allem bei Gebühren für Auslandsaktien und zur Beantwortung der Frage, wo man sie kaufen soll. An deutschen Börsen fallen dabei die gleichen Gebühren an wie bei deutschen Aktien auch. Das ist aber nur die halbe Wahrheit: Ganz offensichtlich nutzen Börsenmakler in Deutschland die Uninformiertheit der Anleger aus und stellen exorbitant schlechte Kurse. Wer Auslandstitel unlimitiert an einer deutschen Börse kauft, zahlt bis zu zehn Prozent mehr als er eigentlich hätte zahlen müssen, wenn man den Schlusskurs der betreffenden Aktie an der Heimatbörse zugrundelegt.

Das gilt allerdings nur für Aktien, die nicht aus dem Euro-Raum kommen. Die gemeinsame Währung hat dafür gesorgt, dass sich zum Beispiel die Frankfurter und Amsterdamer Kurse von deutschen und niederländischen Standardwerten kaum noch unterscheiden. Das war früher anders.

Dafür scheinen sich viele Makler nun mit Aktien von außerhalb des Euro-Raums schadlos zu halten. Der unerfahrene Anleger wird beim Kauf solcher Aktien an deutschen Börsen oft über den Tisch gezogen.

Ein großer Vorteil der technischen Entwicklung: Noch vor wenigen Jahren war es für den durchschnittlichen deutschen Kleinanleger mit enormen Anstrengungen verbunden, den Schlusskurs einer Aktie an einer ausländischen Börse zu ermitteln. Das hat sich geändert. Das Internet bietet in dieser Hinsicht eine ungeahnte Informationsfülle. Wer sich heute noch mit unfairen Kursen über den Tisch ziehen lässt, ist wirklich selbst schuld. Zumindest kann er sich nicht mehr darauf berufen, er habe keinen Zugang zu den nötigen Fakten gehabt.

Noch eine Anmerkung zum Thema Limitierung: Sie haben die Wahl zwischen tagesgültigen Limits und solchen, die bis zum letzten Börsentag des Monats (Ultimo) laufen. Tagesgültige Limits sind dann sinnvoll, wenn Sie von kurzfristigen Kursschwankungen profitieren wollen. Nehmen wir einmal an, eine Aktie sei heftig eingebrochen. Wenn Sie diese Entwicklung für übertrieben halten, dann sollten Sie ein tagesgültiges Limit erteilen. Allerdings mit dem bereits erwähnten Risiko: Wenn zuviele Anleger auf die gleiche Idee gekommen sind wie Sie, dann wird sich der Kurs vielleicht schneller erholen, als Ihnen lieb sein kann.

Es kann also auch sinnvoll sein, ein ultimogültiges Limit zu erteilen. Wenn der gewünschte Kurs bis einschließlich zum letzten Handelstag des Monats erreicht wird, kann der Auftrag ausgeführt werden. Solche Limits setzt man dann, wenn man von den längerfristigen Chancen einer Aktie überzeugt ist und trotzdem die Mölichkeit sieht, sie zu einem niedrigeren als dem aktuellen Kurs erwerben zu können. Wenn man Glück hat, sinkt die Aktie tief genug, um den limitierten Kauf zu ermöglichen. Wenn nicht, kostet es nicht mehr als ein paar Mark Limitgebühren.

In sehr schwachen Börsenphasen gehen Profis oft mit sehr niedrigen Kauflimits in den Markt. Falls die Panik der anderen Anleger stark genug ist, wenn also viele Investoren unlimitierte Verkaufsaufträge erteilen, sinkt der Kurs vielleicht tatsächlich so tief, dass man für ein Spottgeld erstklassige Aktien erhält. Der Nachteil dabei: Was heute spottbillig erscheint, kann aus morgiger Sicht schon reichlich teuer sein. Auch tief gefallene Aktien können noch weitaus stärker abstürzen.

Wenn Sie sich über die Höhe von Limitgebühren und anderen bei Aktienengagements anfallenden Kosten informieren möchten, sollten Sie zunächst mit Ihrer Hausbank sprechen. Es kann auch nicht schaden, die oft attraktivere Gebührenstruktur der Discount-Broker in Erfahrung zu bringen. Hier die wichtigsten Adressen:

Advance Bank
018003/33 00 00
www.advance-bank.de

Bank 24
01803/24 00 00
www.bank24.de

Comdirect Bank
01803/44 45
www.comdirect.de

Consors
01803/25 25 11
www.consors.de

Direkt Anlage Bank
01802/25 45 00
www.diraba.de

Entrium
0130/74 44
www.entrium.de

Fimatex
069/7107500
www.fimatex.de

1822direkt
01803/241822
www.1822.com

Auf dem Gebiet des Discout-Broking dürfte es in Deutschland bald zu weiteren Veränderungen kommen. So ist es bei amerikanischen Discount-Brokern üblich, Kundendepots kostenlos anzubieten. Das wird sich auch in Deutschland durchsetzen, denn die Konkurrenz unter den Anbietern wird immer härter. Sobald ein größerer Anbieter die Depotgebühren abschafft, werden die anderen nachziehen müssen, um ihre Kunden bei der Stange zu halten.

Eine weitere Zukunftsvision: Die Discount-Broker könnten ihren Kunden kostenlose Internet-PCs zur Verfügung stellen, die sich dann quasi über die Börsenorders amortisieren. Eines aber wird sich bestimmt nicht ändern: Individuelle Beratung bieten die Billigbroker nicht an. Nur deshalb können sie ja niedrigere Gebühren in Rechnung stellen als die Geschäftsbanken. Das heißt jedoch nicht, dass es bei den Discount-Brokern keine wichtigen Börseninformationen zu holen gäbe. Im Gegenteil, denn das Info-Angebot auf den Internet-Seiten der verschiedenen Anbieter hat sich in kurzer Zeit enorm verbessert. Dieser Aspekt könnte neben der Gebührenstruktur in Zukunft zum entscheidenden Wettbewerbsfaktor im Discount-Broking werden.

Geld verdienen mit Neuemissionen

Wenn eine Aktie weite Verbreitung finden soll, muss sie zunächst einmal an die Börse gebracht werden. Es gibt in Deutschland mehr als 4000 Unternehmen in der Rechtsform der Aktiengesellschaft, aber nur etwa 800 davon sind börsennotiert. Die Tendenz zum Börsengang ist allerdings steigend – vor allem seit Mitte 1998.

Der Anleger hat damit eine größere Auswahl als in früheren Jahren. Die Entscheidungen, die er treffen muss, sind jedoch die gleichen geblieben. Beim Kauf einer seit langem notierten Aktie hat der Investor viele Informationen zur Verfügung. Er kann sich die langfristige Gewinn- und Umsatzentwicklung ansehen, den Kursverlauf, die Dividendenpolitik des Unternehmens und vieles mehr. Bei der Entscheidung für oder gegen einen Börsenneuling muss sich der Anleger dagegen auf seine Erfahrung und auf den Emissionsprospekt verlassen, in dem Vergangenheit und Zukunft des Newcomers beschrieben werden. Wer sich beim Aktienkauf auf Charts verlässt, also auf die graphische Darstellung von Kurs- und Umsatzverläufen in der Vergangenheit, steht bei der Beurteilung eines Börsenneulings auf völlig verlorenem Posten. Da die Aktie noch nie börsennotiert war, hat sie kein charttechnisches „Vorleben".

Völlig auf Informationen verzichten muss man natürlich nicht. Da ist der Emissionsprospekt, den man sich bei seiner Bank besorgen kann. Außerdem kann man bei dieser Gelegenheit gleich fragen, ob die Bank eine Analyse des Unternehmens erstellt hat oder eine Kaufempfehlung für die Aktie gibt.

Wenn sich ein Anleger schließlich für die Aktie eines Börsenkandidaten entschieden hat, kann er eine bestimmte Stückzahl zeichnen. Damit ist gemeint, dass er ein verbindliches Kaufangebot für die Aktien abgibt. Die Aktien aber besitzt er damit längst noch nicht. Bei den meisten Börsengängen übersteigt das Kaufinteresse der Anleger das Emissionsvolumen um ein Mehrfaches. Das bedeutet, dass nicht alle Zeichner die gewünschte Stückzahl erhalten. Viele bekommen weniger als sie kaufen wollten, und oft genug bekommt der Großteil der Antragsteller gar nichts. Damit muss man leider rechnen.

Das kann aber auch ärgerlich sein. Vor allem natürlich dann, wenn die erste Börsennotiz der Aktie weit über dem Emissionskurs liegt. Bei weit überzeichneten Börsengängen am Neuen Markt kommt es immer wieder zu spektakulären Zeichnungsgewinnen. Wer Aktien erhält, kann schnell viel Geld verdienen. Schon verständlich, wenn da bei weniger vom Glück begünstigten Börsianern Neidgefühle aufkommen.

In früheren Jahren verliefen Börsengänge noch recht simpel: Vom Unternehmen und der emissionsbegleitenden Bank wurde ein fixer Preis festgelegt, zu dem Interessenten die neuen Aktien zeichnen konnten. Die Bestimmung eines solchen Preises ist allerdings nicht unkompliziert: Ist er zu niedrig, verzichtet das Unternehmen auf Geld, das ansonsten, also bei einem höheren Preis, in seine Kassen geflossen wäre. Liegt er aber zu hoch, dann stößt die Emission eventuell auf wenig Interesse oder die Aktie fällt nach einiger Zeit auf ein Niveau deutlich unter dem Emissionskurs. Solche Entwicklungen verärgern Anleger auf Dauer, und vor allem schaden sie dem Ruf der Emissionsbank. Daher lag es eigentlich nahe, zur Festlegung des Preises eine Methode anzuwenden, die sich in den USA schon seit langem bewährt hatte: das Bookbuilding-Verfahren. Seit 1995 hat es sich auch in Deutschland durchgesetzt. Im Gegensatz zum früheren Festpreisverfahren ist der Emissionskurs nun keine vorgegebene Größe mehr, sondern es wird eine Preisspanne festgelegt, innerhalb derer Interessenten ihre Zeichnungsangebote abgeben können. Wenn die Nachfrage sehr groß ist, wird der Emissionspreis im oberen Bereich dieser Spanne liegen, bei flauem Interesse in der unteren Hälfte. Diese Vorgehensweise hat gegenüber dem Festpreisverfahren mehrere Vorteile:

- *Der Emissionspreis ist ein marktkonformes Ergebnis des Verhältnisses zwischen Angebot und Nachfrage.*
- *Wer mehr Geld bietet, hat größere Chancen, Aktien zu erhalten.*
- *Das Unternehmen erhält einen angemessenen Preis für die Aktien.*

Der Emissionspreis wird am Ende der Zeichnungsfrist festgelegt und gilt natürlich für alle Interessenten; auch für die, die höhere Gebote abgegeben hatten.

Das Bookbuilding-Verfahren hat aber auch Nachteile: Wer zu wenig bietet, kommt nicht zum Zug. Außerdem: Wenn die Nachfrage sehr groß ist und fast alle Gebote am obersten Ende der Bookbuilding-Spanne liegen, kommt es letztlich doch wieder zu einem Festpreis-Verfahren zu eben diesem Kurs. Die Aktien werden in relativ kleine Päckchen unterteilt und anschließend unter den Zeichnern verlost. Eine Garantie für die Erfüllung aller Anlegerwünsche bietet also auch das Bookbuilding-Verfahren nicht.

Eine faire, dem tatsächlichen Wert der Aktie entsprechende Bookbuilding-Spanne fällt natürlich nicht vom Himmel. Schon Monate vor dem Börsengang beginnt daher die Pre-Marketing-Phase: Die Emissionsbank sondiert den Markt und führt Gespräche mit Großanlegern. Die Ermittlung einer sinnvollen Bookbuilding-Spanne geschieht dann mit Hilfe standardisierter mathematischer Verfahren.

Ohne Werbung läuft bekanntlich nichts, und das gilt auch für Börsenkandidaten. Vor dem Börsengang werden daher sogenannte Roadshows veranstaltet. Dabei handelt es sich um Werbeveranstaltungen, die an bedeutenden Börsenplätzen Deutschlands oder zusätzlich auch noch in New York oder London über die Bühne gehen. Nach der Pre-Marketing-Phase und den Roadshows sollte das Unternehmen oder die Emissionsbank genügend Informationen gesammelt haben. Nachdem die Preisspanne festgelegt und das Bookbuilding-Verfahren abgeschlossen sind, erfolgt die Bestimmung des Emissionspreises und die Zuteilung der Aktien. Viele Börsenkandidaten halten für alle Fälle noch eine gewisse Reserve an Aktien zurück, um die Emission bei unerwartet großer Nachfrage aufstocken zu können. Diese Reserve nennt man Greenshoe.

Trotz aller Neuerungen hat sich eines nicht geändert: Unter den Börsenneulingen befinden sich nicht nur Kursraketen, sondern auch Flops. Ein Misserfolg kann daran liegen, dass das Interesse der Anleger in einer freundlichen Börsenphase den Emissionspreis auf ein Niveau getrieben hat, das sich später als viel zu hoch erweist. Der Grund kann aber auch der gleiche sein wie bei jedem anderen Börsenflop. Wenn die Gewinnentwicklung eines Unternehmens die Erwartungen nicht erfüllt, kommt der Aktienkurs unter Druck. Der Anleger darf also nicht mit quasi automatischen Gewinnen rechnen, wenn er bei einer mehrfach überzeichneten Emission ein paar Stücke ergattert. Auch wenn der erste Börsenkurs weit über dem Emissionspreis liegt, ist das keine Garantie für künftige Erfolge. Sollten also sehr hohe Zeichnungsgewinne anfallen, dann kann es nichts schaden, sie sicherheitshalber durch Verkauf zu realisieren.

So profitieren Sie von Aktienindizes

Ein Aktienindex ist im Prinzip eine feine Sache: Mit einem Blick hat man einen Eindruck von der allgemeinen Börsentendenz eines bestimmten Tages. Anhand der Indexentwicklung kann man den Trend des Gesamtmarkts bestimmen.

Es gibt zwischen den bekannten Indizes jedoch große Differenzen; gemeinsam ist ihnen allen eigentlich nur, dass sie jeweils eine bestimmte Anzahl von Einzelaktien umfassen, deren durchschnittliche Kursentwicklung in einem Anstieg oder Rückgang des Index ihren Ausdruck findet. Bei der Zusammensetzung und der Berechnung gibt es jedoch erhebliche Unterschiede.

Der Dow Jones Industrial Average

Der Dow Jones ist ohne jeden Zweifel seit Jahrzehnten der am stärksten beachtete Gradmesser der Börsenwelt. Er wurde erstmals 1896 von Charles Dow und seinem Geschäftspartner Edward Jones veröffentlicht. Zunächst umfasste er lediglich zwölf Aktien. Ab 1916 wurde der Dow auf 20 und 1928 schließlich auf die noch heute gültige Zahl von 30 Werten aufgestockt. Natürlich hat sich seine Zusammensetzung seither stark geändert, denn einige Unternehmen verloren an Bedeutung, und neue Branchen entstanden. Der Dow ist eigentlich gar kein Index in des Wortes strengerer Bedeutung, sondern lediglich ein ungewichteter Mittelwert. Man berechnet ihn durch Addition der 30 Kurswerte und Division der Summe durch einen Faktor, der an der Wall Street als „Dow Divisor" bekannt ist. Seit der letzten Indexumstellung im November 1999 sind folgende Aktien im Dow Jones vertreten:

Unternehmen	*Branche*
General Electric	Mischkonzern
Wal-Mart Stores	Handel
Merck	Pharmazie
Exxon	Öl
AT&T	Telekommunikation
IBM	Computer
Coca-Cola	Getränke
Citigroup	Finanzen
Procter & Gamble	Haushaltswaren
Johnson & Johnson	Pharmazie
Philip Morris	Tabak, Lebensmittel
Hewlett-Packard	Computer
Walt Disney	Unterhaltung
DuPont	Chemie
McDonald's	Restaurants
General Motors	Automobile
American Express	Finanzen
Boeing	Flugzeuge
United Technologies	Maschinenbau
Minnesota M. & M.	Mischkonzern
Honeywell	Mischkonzern
J. P. Morgan	Bank
Eastman Kodak	Photo, Optik
Caterpillar	Baumaschinen

Alcoa	Aluminium
Intl. Paper	Papier
Microsoft	Software
Intel	Mikrochips
SBC Communications	Telecom
Home Depot	Handel

Der Dow ist ein ungewichteter Preisindex: Dividenden und Marktkapitalisierung fließen in die Indexentwicklung nicht ein. Für heutige Verhältnisse ist das ungewöhnlich.

Noch ein Sondermerkmal: Bei den meisten Indizes gibt es harte Kriterien – etwa beim DAX, auf den wir gleich zu sprechen kommen werden –, ob ein Unternehmen die Voraussetzungen zur Aufnahme in den Index erfüllt oder nicht. Beim Dow Jones läuft es ganz anders: Ein Redaktionskommitee des "Wall Street Journal" entscheidet unter Beachtung einiger Kriterien über die Zusammensetzung des Dow Jones.

Der Dow Jones Industrial Average ist trotz oft vorgebrachter Einwände gegen die Willkürlichkeit seiner Zusammensetzung über viele Jahrzehnte der wichtigste Börsenindex der Welt geblieben. Immer wieder lässt es sich beobachten, dass die europäischen Börsen die Tendenz nachvollziehen, die tags zuvor an der New York Stock Exchange, ablesbar am Dow Jones, vorgegeben worden ist.

Der Deutsche Aktienindex (DAX)

Der DAX vereinigt in der Regel die 30 bedeutendsten börsennotierten deutschen Unternehmen. Und es gibt feste Kriterien für die Aufnahme in die Elite: Nach der sogenannten 35/35-Regel muss eine Aktie sowohl hinsichtlich des Börsenumsatzes als auch in puncto Marktkapitalisierung zu den 35 größten deutschen Börsenwerten gehören, um für eine Aufnahme in Frage zu kommen. Wenn ein DAX-30-Titel diese Kriterien nicht mehr erfüllt, kann er ersetzt werden. Daneben existiert auch ein ungeschriebenes, „weiches“ Kriterium: Da bestimmte Branchen wie Chemie, Banken oder Automobile schon sehr stark im DAX-30 vertreten sind, haben es Kandidaten aus diesen Branchen sehr schwer, dort Aufnahme zu finden. Da der DAX als meistbeachteter deutscher Aktienindex auch die Aufgabe hat, die deutsche Wirtschaft zu repräsentieren, darf er nicht allzu branchenlastig werden.

Der DAX wird einmal jährlich nach den genannten Kriterien revidiert, und die Fluktuation ist daher bedeutend stärker als im Dow. Es gibt noch zwei weitere sehr wichtige Unterschiede zum Vater aller Indizes: Der DAX ist nach Marktkapitalisierung gewichtet. Das heißt: Die Kursbewegung eines Schwergewichts wie Deutsche Telekom, Allianz oder DaimlerChrysler wirkt sich auf den Index deutlich stärker aus als das Auf und Ab vergleichsweise kleiner Unternehmen wie Henkel oder Schering. Natürlich ändert sich die Gewichtung ständig: Steigt der Aktienkurs und damit auch die Marktkapitalisierung eines Unternehmens stärker als der Indexdurchschnitt, dann erhöht sich die Gewichtung der betreffenden Aktie auf Kosten aller anderen.

Ein weiterer wichtiger Unterschied zum Dow: Der DAX spiegelt nicht nur die Kursentwicklung, sondern auch die Dividendenausschüttungen der in ihm repräsentierten Unternehmen wieder. Während der Dow ein ungewichteter Preisindex ist (keine Gewichtung nach Marktkapitalisierung und keine Berücksichtigung der Dividenden) ist der DAX ein gewichteter Performance-Index, wobei man unter Performance die Gesamtrendite versteht, also Kursentwicklung und Dividendenausschüttungen.

Zusammensetzung des DAX ab 14. Februar 2000

Adidas-Salomon
Allianz Holding
BASF
Bayer
BMW ST
Commerzbank
DaimlerChrysler
Deutsche Bank
Degussa-Hüls
Dresdner Bank
Deutsche Telekom
Epcos
Fresenius Medical Care
Henkel VZ
HypoVereinsbank
Karstadt
Linde
Lufthansa
MAN ST
Metro
Münchner Rück NA
Preussag
RWE ST
SAP VZ
Schering
Siemens
Thyssen-Krupp
Veba
Viag
Volkswagen ST

Durch den Zusammenschluss von Veba und Viag wird demnächst ein Platz frei, so dass ein neuer Wert in den DAX aufrücken wird. Zum 14. Februar hat Epcos den Platz von Mannesmann eingenommen, da dieses Unternehmen nach der Fusion mit Vodafone Airtouch nicht mehr als DAX-Wert in Frage kommt.

Der MDAX

Zwar ist der DAX-30 der bei weitem meistbeachtete deutsche Aktienindex, aber er gibt natürlich nur die Kursbewegungen der allergrößten deutschen Unternehmen wieder. In den vergangenen Jahren war zwar Größe meist Trumpf, aber auch unter den Werten der zweiten Reihe lässt sich so manches Juwel entdecken. Diese zweite Reihe wird in Deutschland durch den MDAX repräsentiert. M steht dabei für Mid Cap, was im internationalen Börsenjargon ein Unternehmen mit mittlerer Marktkapitalisierung bedeutet. Im MDAX sind also die Unternehmen vertreten, die zu klein für den DAX-30 sind, aber dennoch zu den größeren deutschen Börsenwerten gehören. Auch für die Zusammensetzung des MDAX gibt es feste Kriterien, und wenn ein Unternehmen neu in diesen Index aufgenommen wird, bedeutet dies eine Aufwertung, die meist auch mit steigenden Aktienkursen einhergeht.

Die Zusammensetzung des MDAX wird zweimal jährlich durch einen Ausschuss festgelegt, der sich aus Vertretern von Banken und der Deutschen Börse AG zusammensetzt. Das wichtigste Kriterium ist die 110/110-Regel: Eine Aktie kann nur dann neu in den MDAX aufgenommen werden, wenn sie hinsichtlich der Marktkapitalisierung und des Börsenumsatzes zu den 110 größten deutschen Börsenwerten gehört. Erfüllt eine bislang im Index vertretene Aktie diese Voraussetzung nicht mehr, kann sie durch eine andere ersetzt werden. Im Prinzip sind die Kriterien also die gleichen wie beim DAX-30. Ein weiteres Kriterium: Der Streubesitz muss mindestens bei 15 Prozent liegen, damit die nötige Liquidität an der Börse gewährleistet ist. Natürlich spielen auch noch andere Dinge eine Rolle. Zum Beispiel die Branchenzugehörigkeit. Im Zweifelsfall hat der erste Kandidat aus einem bestimmten Industriezweig bessere Chancen als der achte aus einem anderen. Auch dieses „weiche" Auswahlkriterium kennen wir schon vom DAX-30.

Der Dow Jones Euro Stoxx 50

Dieser Index hat schon kurz nach seiner Konzeption 1998 starke Beachtung gefunden und galt schon bald als entscheidender Gradmesser für die Börsentendenz im Euro-Raum. Ähnlich wie der DAX ist auch der Euro Stoxx 50 ein nach der Marktkapitalisierung gewichteter Index. Jedes Jahr im September wird die Zusammensetzung revidiert, und schon bei den ersten beiden derartigen Maßnahmen 1998 und 1999 war die Fluktuation erheblich.

Ähnlich wie beim DAX ändert sich auch beim Euro Stoxx 50 die Indexgewichtung der einzelnen Unternehmen je nach der Entwicklung ihres Börsenwerts. Je deutlicher eine Aktie steigt, je wertvoller also das ganze Unternehmen wird, desto mehr Gewicht wächst dem Titel im Index zu. Solche Veränderungen können erheblich sein. Bei der Konzeption des Euro Stoxx 50 war der niederländische Öltitel Royal Dutch mit einer Gewichtung von etwa neun Prozent der mit Abstand schwerste Indexwert. Inzwischen hat ein ehemaliger Zwerg wie die finnische Nokia enorm zugelegt und Royal Dutch als gewichtigster Euro-Wert abgelöst.

Der Euro Stoxx 50 spiegelt die Börsentendenz im Euro-Raum gut wieder, und es steht zu erwarten, dass er weiter an Beachtung gewinnen wird.

Zusammensetzung des Dow Jones Euro Stoxx 50

Unternehmen	*Land*	*Branche*
ABN Amro	NL	Finanzen
Aegon	NL	Versicherung
Ahold	NL	Konsum
Air Liquide	F	Chemie
Alcatel	F	Elektro
Allianz	D	Versicherung

AXA-UAP	F	Versicherung
Banco Bilbao Vizcaya	E	Bank
BASF	D	Chemie
Bayer	D	Chemie
BSCH	E	Bank
Carrefour	F	Handel
Daimler-Chrysler	D	Automobile
Deutsche Bank	D	Bank
Deutsche Telekom	D	Telekommunikation
Dresdner Bank	D	Bank
Electrabel	B	Energie
Elf Aquitaine	F	Öl
Endesa	E	Energie
ENI	I	Energie
Fortis	B	Finanzen
France Télécom	F	Telekommunikation
Generali	I	Versicherung
HypoVereinsbank-	D	Bank
ING Groep	NL	Finanzen
KPN	NL	Telekommunikation
L'Oréal	F	Kosmetik
LVMH	F	Luxusgüter
Mannesmann	D	Maschinen/Telekom
Metro ST	D	Handel
Münchener Rück	D	Versicherung
Nokia S	F	Telekom-Geräte
Paribas	F	Bank
Philips	NL	Elektronik
Repsol	E	Öl
Rhône-Poulenc „A"	F	Chemie/Pharma
Royal Dutch	NL	Öl
RWE ST	D	Energie
Saint Gobain	F	Bau
Sanofi-Synthélabo	F	Pharma/Kosmetik

Siemens	D	Elektronik
Société Générale	F	Bank
Suez Lyonnaise des Eaux-	F	Wasserversorgung
Telecom Italia	I	Telekommunikation
Telefónica	E	Telekommunikation
Total Fina	F	Öl
Unicredito Italiano	I	Bank
Unilever	NL	Haushaltswaren
Veba	D	Energieversorgung
Vivendi	F	Medien/Versorger

Die NEMAX-Indizes

Seit Sommer 1999 gibt es den NEMAX-All-Share-Index, der alle in diesem Börsensegment Neuer Markt gehandelten Aktien umfasst, und den NEMAX 50. In ihm sind die 50 Neuer-Markt-Titel mit der höchsten Marktkapitalisierung vertreten.

Am Neuen Markt gibt es noch immer einige sehr kleine Werte, und es kommen durch Neuemissionen ständig weitere Small Caps hinzu, aber einige dort gelistete Unternehmen haben inzwischen einen Börsenwert erreicht, der sie problemlos für den MDAX, ja sogar für den DAX-30 qualifizieren würde. So liegt die Marktkapitalisierung von EM. TV & Merchandising deutlich höher als die einiger DAX-30-Werte. Auch was den Börsenumsatz betrifft, brauchen sich die Marktführer in diesem Segment vor den etablierten deutschen Blue Chips nicht zu verstecken. Die Unterschiede zwischen den einzelnen Unternehmen bezüglich der beiden wichtigsten Kriterien (Marktkapitalisierung und Börsenumsatz) sind am Neuen Markt größer als in anderen Marktsegmenten. Es wird daher oft bemängelt, dass drei, vier große Werte die Tendenz vorgeben und viele andere kaum eine Rolle spielen. Das mag so sein, lässt sich aber nicht ändern. Man darf nicht vergessen, dass der Neue Markt noch ein sehr junges Handelssegment ist. Es wird dort noch etliche Erfolgsgeschichten geben, einige andere Unternehmen werden an Bedeutung verlieren – wie es eben an jeder Börse der Welt der Fall ist.

Eine Besonderheit des NEMAX-50 ist allerdings die im Vergleich zu anderen Indizes sehr hohe Fluktuation. Kein Wunder, denn gerade bei jungen Unternehmen spielen sich rasante Entwicklungen ab, und innerhalb eines Jahres kann sich viel verändern. Bei der kommenden Indexrevison, so meinen Marktbeobachter, könnten nicht weniger als 15 bis 20 der 50 Titel ausgetauscht werden.

Kursgewinne mit Indexkandidaten

Die Aufnahme in einen viel beachteten Index kommt für jede Aktie sozusagen der Erhebung in den Adelsstand gleich und ist auch recht förderlich für die weitere Kursentwicklung. Das hat einen simplen Grund: Zahlreiche institutionelle Anleger in der ganzen Welt versuchen mit ihren Investments bestimmte Indizes nachzubilden. Auf diese Weise stellen sie zumindest sicher, dass ihre Performance in etwa der des Index entspricht – und das kann nicht jeder Fondsmanager von sich behaupten. Das hat zur Folge, dass viele Investoren Aktien kaufen *müssen*, die in einen Index aufrücken – ganz egal, was sie nun im Einzelfall von einem bestimmten Titel halten mögen. Im Gegenzug stoßen sie Aktien ab, die aus dem Index eliminiert werden.

Manche Indizes werden regelmäßig revidiert. Im Spätsommer rätseln die Börsianer, welche Titel wohl in den Euro

Stoxx 50 aufrücken könnten. Die heißesten Indexkandidaten verzeichnen dabei oft merkliche Kursanstiege. Der Grund liegt auf der Hand: Wer schon vor der endgültigen Entscheidung die richtigen Titel im Depot hat, profitiert anschließend von wachsender Nachfrage und somit von tendenziell steigenden Kursen.

Beim Euro Stoxx 50 gibt es dieses Spiel erst seit 1998. Beim DAX-30, der allerdings geringerer Fluktuation unterliegt, laufen solche Spekulationen schon länger. Beim MDAX sogar zweimal im Jahr, da der Midcap-Index ja alle sechs Monate revidiert werden kann. Ähnliche Motivationen der Anleger bewegen auch viele Indexkandidaten in anderen Ländern.

Im Prinzip klingt es durchaus vernünftig, Aktien zu kaufen, die in einen repräsentativen Index aufrücken könnten. Wie so oft im Leben ist es aber auch hier der Tod einer guten Idee, wenn zu viele Leute sich danach richten. Vor allem bei glasklaren Indexkandidaten, deren Aufnahme quasi nur eine Formsache ist, erfolgt der eigentlich erst nach der Aufnahme erwartete Kursanstieg schon vor der endgültigen Entscheidung. Zu viele Anleger spekulieren auf die gleiche Entwicklung. Daher ist es nur auf den ersten Blick absurd, wenn Aktien nach einer guten Nachricht an Kurswert verlieren. Zu viele Anleger haben die positive Entwicklung erwartet und nehmen ihre Kursgewinne mit, nachdem die Spekulation aufgegangen ist. Zumindest aber lässt sich nach der Aufnahme neuer Indexwerte meist keine überdurchschnittliche Performance mehr beobachten, während solche Titel vor der Entscheidung oft erhebliche Zuwächse verzeichnen. Es lohnt sich also, vor den regelmäßigen Indexrevisionen die Aktien der jeweiligen Kandidaten zu kaufen, aber dabei nicht allzu stark auf einen bestimmten Wert zu setzen.

Untersuchungen haben ergeben, dass es sich kaum lohnt, neue DAX-30-Werte zu kaufen, wenn der Index bereits revidiert ist. Beim MDAX sieht es schon anders aus. Relativ schlechte Aussichten – zumindest auf kurze Sicht – haben allerdings solche Titel, die aus einem repräsentativen Index eliminiert werden. Das gilt eigentlich für alle großen Börsenbarometer dieser Welt.

So schützen Sie sich vor der Steuer

Die Börsengewinne wurden in den letzten Jahren von Jahr zu Jahr umfangreicher, so dass sich natürlich auch der Fiskus über diese Entwicklung Gedanken machte. Nach der neuen Gesetzeslage wurde der Begriff Spekulationsgewinne modifiziert, indem die Spekulationsfrist von bislang sechs Monaten auf nunmehr ein Jahr verlängert wurde. Zu versteuern sind nun solche Kursgewinne aus Wertpapiergeschäften, bei denen zwischen Kauf und Verkauf nicht mindestens ein Jahr und ein Tag verstrichen sind.

Die Freigrenze von 1000 Mark pro Person und Kalenderjahr wurde nicht angetastet. Das bedeutet, dass man auch weiterhin jährlich maximal 999,99 Mark an solchen Börsengewinnen steuerfrei vereinnahmen darf, die unter die Definition des Spekulationsgewinns fallen.

Neben dem Beibehalt der steuerlichen Freigrenze weist die neue Rechtslage noch einen sehr positiven Aspekt auf. Früher waren Spekulationsverluste ja steuerlich nicht relevant, wenn man sie nicht gegen im selben Kalenderjahr angefallene Spekulationsgewinne verrechnen konnte. Das hat sich geändert. Wie so oft musste auch hier das Bundesverfassungsgericht der Politik auf die Sprünge helfen, indem es das steuerliche Abzugsverbot von Spekulationsverlusten für verfassungswidrig und damit unzulässig erklärte .

Nun gilt: Spekulationsverluste können steuerlich rück-

und vorgetragen werden. Voraussetzung ist allerdings, dass sie nach dem 31. Dezember 1998 entstanden sind. Wer die Verluste schon vor diesem Datum durch Verkauf realisiert hat, sieht leider in die Röhre. Besonders interessant erscheint die Zulässigkeit der steuerlichen Rücktragung. Wer 1999 hohe Spekulationsverluste erleidet und im Vorjahr wesentlich besser abgeschnitten hat, kann die „alten“ Gewinne mit den „neuen“ Verlusten verrechnen. Selbst wenn er im Vorjahr keine Gewinne erzielt hat, können die 99er Verluste steuerlich noch relevant werden. Der Anleger darf sie nämlich auch zeitlich unbegrenzt vortragen. Erzielt er im Jahr 2000 hohe Spekulationsgewinne, dann wird die darauf entfallende Steuer gemindert, weil er die Miesen des Vorjahrs dagegen aufrechnen kann.

Man kann also Spekulationsgewinne und -verluste, die ab dem 1. 1. 1999 entstanden sind, in Zukunft zeitlich unbegrenzt gegeneinander aufrechnen.

Ein interessanter Sonderfall: Es kommt vor, dass ein Anleger mehrere Einzelposten der gleichen Aktie im Depot hat, die zu verschiedenen Zeitpunkten erworben worden sind. Im Fall der Veräußerung galt früher die so genannte LIFO-Regel: Last in, first out. Das bedeutete folgendes: Wenn man zum Beispiel von insgesamt 300 Aktien, die zu drei verschiedenen Zeitpunkten in Paketen zu je 100 Stück erworben worden waren, 100 Stück verkaufte, dann ging der Fiskus davon aus, dass es sich dabei um das zuletzt erworbene Teilpaket handelte. Lagen Kauf und Verkauf innerhalb der Spekulationsfrist, dann wurden Steuern fällig, obwohl die 200 verbliebenen Aktien vielleicht schon seit vielen Jahren im Depot waren. Zugegeben, das war eine völlig willkürliche, ausschließlich vom Eigennutzen des Fiskus geprägte Annahme. Aber es war eben geltendes Steuerrecht, bestätigt durch eine Vielzahl von Gerichtsurteilen.

Inzwischen hat sich die Rechtslage geändert. Zwar gilt die

FIFO-Regel – First in, first out – nicht uneingeschränkt, aber die alte Willkür ist abgeschafft worden. Besteuert werden nur Gewinne aus solchen Wertpapiergeschäften, bei denen zweifelsfrei feststeht, dass sie innerhalb der Spekulationsfrist erfolgt sind. Ein kleines Beispiel soll das verdeutlichen. Ein Anleger hat 300 Aktien zu folgenden Zeitpunkten gekauft:

100 Stück am 1. 6. 1998
100 Stück am 1. 3. 1999
100 Stück am 1. 9. 1999.

Am 1. 2. 2000 verkauft er 150 Aktien und erzielt damit beträchtliche Kursgewinne. Sein erster Kauf liegt schon 19 Monate zurück, ist steuerlich also nicht mehr relevant. Seit Kauf 2 und Kauf 3 sind jedoch noch keine zwölf Monate vergangen. Er muss daher den Gewinn aus 50 Aktien versteuern, den Rest kann er steuerfrei vereinnahmen, da seine zuerst gekauften 100 Titel ja keiner Spekulationsbesteuerung mehr unterliegen. Für die Berechnung der auf die übrigen 50 Aktien entfallenden Steuern ist der durchschnittliche Kaufkurs der Titel maßgebend, die noch unter die Steuerpflicht fallen. Nehmen wir an, der Kurs habe am 1. 3. 1999 genau 100 und am 1. 9. 1999 150 Euro betragen. Der Verkauf am 1. 2. 2000 erfolgte zu 200 Euro. Dann rechnet der Finanzbeamte wie folgt:

$(100 \cdot 100) + (100 \cdot 150) = 25\,000 : 200 = 125$
= durchschnittlicher Kaufkurs.
Der Spekulationsgewinn je Aktie beträgt demnach
$(200 - 125) = 75$ Euro.

Da der Anleger 50 noch der Spekulationsbesteuerung unterliegende Aktien veräußert hat, beträgt der steuerpflichtige Gewinn 50 x 75 = 3500 Euro. In diesem Zusammenhang ist es natürlich völlig gleichgültig, ob etwaige Spekulationsgewinne oder -verluste mit deutschen oder ausländischen Aktien erzielt worden sind. Entscheidend ist nicht das Herkunftsland des Wertpapiers, sondern die Frage, in welchem Land ein Anleger steuerpflichtig ist.

Ebenso wie zum Beispiel Spar- oder Anleihenzinsen fallen Dividendeneinnahmen steuerlich in die Rubrik „Einkünfte aus Kapitalvermögen". Der Besteuerung unterliegt die Differenz zwischen der Summe aller Erträge aus dieser Einkunftsart und dem Sparerfreibetrag. Dieser beträgt derzeit (Herbst 1999) 6000 Mark plus 100 Mark Werbungskostenpauschale pro Person und Kalenderjahr, wird aber zum kommenden Jahreswechsel halbiert. Hierbei handelt es sich wohlgemerkt um einen **Freibetrag** im Gegensatz zur oben besprochenen **Freigrenze**. Steuerlich relevant ist nur, was Sie über den Freibetrag hinaus in einem Kalenderjahr vereinnahmt haben.

Was jeder Sparer weiß, ist auch für den Aktionär wichtig: Wenn Sie ein Aktiendepot bei einer bestimmten Bank haben, dann sollten Sie dort einen Freistellungsauftrag in der ungefähren Höhe der zu erwartenden Zins- und Dividendenertäge hinterlegen. Ansonsten wird nämlich die 25-prozentige Kapitalertragsteuer auf Dividendenausschüttungen einbehalten, die Sie sich über die Einkommensteuererklärung mühsam wieder zurückholen müssen.

Andererseits enthalten Dividenden in der Regel eine Körperschaftssteuergutschrift. Das hat den Zweck, eine Doppelbesteuerung zu vermeiden. Die AG hat ja bereits Körperschaftssteuer auf ihre erzielten Gewinne bezahlt, und da wäre es unzulässig, Sie als Miteigentümer der AG noch einmal zur Kasse zu bitten. In diesem Fall ist es ratsam, bei der Einkommensteuererklärung die Anlage KSO auszufüllen, denn ansonsten müssen Sie den anteiligen Solidaritätszuschlag auf die Körperschaftssteuer in den Wind schreiben. Um das zu vermeiden, legen Sie die ausgefüllte Anlage KSO Ihrer Einkommensteuererklärung bei und reichen die Steuerbescheinigung ein, die Ihnen Ihre depotführende Bank ausgestellt hat. Letzteres gilt besonders dann, wenn Sie vergessen haben, rechtzeitig einen Freistellungsauftrag zu erteilen.

Sollten Ihre „Einkünfte aus Kapitalerträgen" den Freibetrag übersteigen, müssen Sie die Anlage KSO ohnehin einreichen und Kapitalertragsteuer bezahlen. Die erwähnte Körperschaftsteuer beträgt in der Regel 42,66 Prozent (drei Siebtel) der Bruttodividende. Wenn Ihrer Bank ein Freistellungsauftrag vorliegt, wird Ihnen die anrechenbare Körperschaftsteuer zusammen mit der Dividende vergütet. Somit erhöhen sich natürlich auch Ihre Einkünfte und die Berechnungsgrundlage für Ihre Einkommensteuer. Nehmen wir an, sie hätten Dividenden in Höhe von 1000 Mark vereinnahmt. Diese Brutto-Dividende setzt sich aus der 25prozentigen Kapitalertragsteuer (entspricht 250 Mark) und der Netto-Dividende von 750 Mark zusammen. Darauf wird Körperschaftsteuer in Höhe von drei Siebteln der Bruttodividende, also 428,85 Mark angerechnet. Die steuerpflichtigen Einkünfte aus Kapitalvermögen betragen somit 1428,85 Mark. Die Körperschaftsteuer und die Kapitalertragsteuer sind anrechnungsfähig. Das bedeutet, dass Ihnen der entsprechende Betrag wieder erstattet wird.

Völlig von der Besteuerung befreien kann seine Einkünfte aus Kapitalvermögen, wer vom Finanzamt eine Nichtveranlagungsbescheinigung (NV-Bescheinigung) ausgestellt bekommt. Leider geht das nur bis zu bestimmten Einkommensgrenzen. Bei Ledigen darf das steuerpflichtige Jahreseinkommen 27 000 Mark nicht übersteigen, bei Verheirateten gilt die doppelte Summe. Es ist allerdings zu erwarten, dass diese Einkommensgrenzen demnächst revidiert werden. Interessant ist eine Nichtveranlagungsbescheinigung in jedem Fall für Kinder. Diese können von den Eltern Wertpapiere übertragen bekommen, und da sie in der Regel außer den Kapitalerträgen kein weiteres Einkommen erzielen, bleiben Zinsen und Dividenden steuerfrei. Auch Studenten, Rentner und Pensionäre sollten sich gut überlegen, ob eine NV-Bescheinigung für sie in Frage kommt.

Soviel ist eine Aktie wert

Eine Aktie darf niemals isoliert betrachtet werden. Es gibt zahlreiche Faktoren, die die Kursentwicklung massiv beeinflussen, mit dem Unternehmen und seiner Aktie aber allenfalls indirekt zu tun haben. Deshalb sollten Sie neben der in diesem Kapitel erläuterten Aktienbewertung auch die Branche, in der das Unternehmen angesiedelt ist, in Ihre Untersuchung mit einbeziehen, und vor allem sollten Sie nicht vergessen, den allgemeinen Börsentrend zu berücksichtigen. Wenn es an der Börse allgemein nach oben geht, werden oft auch Titel mit nach oben gezogen, die in weniger freundlichen Zeiten allenfalls zweite Wahl wären. Zusätzlich sind alle Aspekte zu betrachten, die das Umfeld für die Geldanlage in Aktien prägen und somit die Attraktivität, sprich: die Chance-Risiko-Relation von Aktienengagements beeinflussen. Zu nennen sind in diesem Zusammenhang vor allem die Zinsentwicklung und die konjunkturellen Perspektiven. Wichtig sind aber auch politische Einflüsse und die damit verbundenen Veränderungen. In den USA lässt sich zum Beispiel ein klarer Zusammenhang zwischen der Börsenentwicklung und dem jeweiligen Jahr innerhalb einer Legislaturperiode nachweisen.

Eine Aktie wird geprüft

Um den Wert einer Aktie zu ermitteln, sollten Sie folgende Zahlen des Unternehmens kennen.

- Der Kurswert
- Der Substanzwert (Buchwert)
- Der Nennwert
- Der Bilanzkurs
- Der Ertragswert
- Der Paketwert

Vom **Nenn**- oder **Nominalwert** war schon in die Rede. Er verbrieft einen bestimmten, in Währungseinheiten ausgedrückten Anteil am Grundkapital eines Unternehmens – falls das betreffende Unternehmen nicht auf nennwertlose Aktien (Quotenaktien) umgestellt hat. Für den Börsianer steht sicherlich der **Kurswert** im Vordergrund. Dabei handelt es sich um den börsentäglich nach den Gesetzen von Angebot und Nachfrage ermittelten Marktpreis einer Aktie. Im Gegensatz zum Nennwert unterliegt der Kurswert also ständigen Veränderungen.

Der **Bilanzkurs** errechnet sich nach der Formel:

$$\text{Bilanzkurs} = \frac{\text{Eigenkapital}}{\text{Zahl der ausgegebenen Aktien}}$$

Wobei gilt:
Eigenkapital = Grundkapital + Rücklagen

Der Bilanzkurs zeigt also, wieviel Eigenkapital auf eine Aktie entfällt. Wenn der Anteil der Rücklagen – in der Regel größtenteils das Ergebnis nicht ausgeschütteter Gewinne der Vergangenheit – sehr hoch ist, der Bilanzkurs also weit über dem Nennwert liegt, könnte das betreffende Unternehmen bald eine Kapitalerhöhung aus Gesellschaftsmitteln vornehmen. Damit ist die Aussagekraft dieser Kennzahl aber auch schon erschöpft. Der **Buch**- oder **Substanzwert** einer Aktiengesellschaft wird ermittelt, indem man sämtliche Verbindlichkeiten dieses Unternehmens vom Gesamtwert seiner Vermögensgegenstände subtrahiert. Teilt man das Ergebnis durch die Anzahl der von der AG ausgegebenen Aktien, so erhält man den Buchwert je Aktie. Diese Mühe braucht man sich übrigens nicht selbst zu machen. Man findet die entsprechenden Angaben in den Jahresberichten der Aktiengesellschaften.

Man kann den Buchwert zwar recht genau berechnen, aber er hat seine Tücken. Der Buchwert hängt nämlich davon ab, welchen Wertansatz ein Unternehmen für seine Vermögensgegenstände vornimmt. Ein typisches Beispiel: Eine Aktiengesellschaft hat vor Jahrzehnten Immobilien erworben, die zum damaligen Anschaffungswert in der Bilanz stehen. Heute sind diese Immobilien ein Vielfaches davon wert. Viele Unternehmen verfügen über sehr hohe stille Reserven, wie man die Differenz zwischen Bilanzwert und Marktwert von Vermögensgegenständen nennt.

Ein weiterer Punkt sind Patente, Markenrechte, geschützte Unternehmenslogos, Verwertungslizenzen und sonstige Vermögensgegenstände, deren Wert nicht exakt angegeben werden kann. Sie gehen zwangsläufig mit einem mehr oder weniger willkürlichen Ansatz in die Berechnung des Buchwerts ein.

Trotz dieser Einschränkungen liefert der Buchwert wichtige Informationen. Er zeigt, ob dem aktuellen Kurswert einer Aktie ein angemessener Substanzwert gegenübersteht.

Der **Ertragswert** einer Aktie lässt sich ebenfalls leicht berechnen, und zwar nach der Formel:

$$\text{Ertragswert (in Währungseinheiten)} = \frac{E \cdot 100}{A}$$

Dabei stehen:
A für die Rendite einer Alternativanlage, zum Beispiel eines festverzinslichen Wertpapiers (in Prozent),
E für den Ertrag der Aktie (in Prozent).

Dabei gibt es allerdings zwei Probleme zu lösen: Erstens ist die Berechnung nur sinnvoll, wenn der Ertrag der Aktie konstant ist. Diese Schwierigkeit können wir umgehen, wenn wir einen Investitionszeitraum von einem Jahr annehmen. Zweitens ist zu klären, was man unter Ertrag überhaupt verstehen will. In der Praxis wird man hierfür die prozentuale Gesamtrendite wählen, also die Summe aus Verkaufserlös und Dividenden, dividiert durch den Kaufpreis. Da der Verkaufserlös naheliegenderweise erst nach dem Verkauf feststeht, lässt sich der Ertragswert nur nachträglich ermitteln.

Wenn ein Großinvestor ein beachtliches Aktienpaket eines Unternehmens erwerben, oder wenn ein Unternehmen ein anderes schlucken will, dann wird in der Regel ein deutlich über dem aktuellen Kurswert liegender Preis dafür geboten. In solchen Ausnahmesituationen spricht man vom Paket- oder Übernahmewert einer Aktie. Das Kaufangebot des Großinvestors bedeutet ja eigentlich nichts anderes als eine starke Erhöhung der Nachfrage.

Wir haben uns der Frage nach dem Wert einer Aktie nun von verschiedenen Seiten genähert und können folgendes festhalten:

- *Der Paket- oder Übernahmewert hängt von einem eventuellen Übernahmeangebot, von dessen Zeitpunkt und vom dann gültigen Kurswert ab.*
- *Der Ertragswert einer Aktie lässt sich nur nachträglich*

berechnen, weil er vom Kurswert zum Verkaufszeitpunkt und von der Höhe eventueller Dividendenausschüttungen abhängt.

- *Der Nennwert ist ein bilanzieller Aspekt, der durch die Einführung nennwertloser Quotenaktien zudem an Bedeutung verliert.*
- *Der Buchwert ist ein durchaus beachtenswerter Gesichtspunkt bei der Aktienauswahl. Vor allem kann er dabei helfen, substanzstarke, unterbewertete Aktien zu identifizieren.*

Es bleibt der Kurswert als mit Abstand wichtigstes Kriterium. Eine Aktie ist genauso viel wert, wie man an einem bestimmten Tag dafür bekommt. Dieser Wert ist allerdings starken Schwankungen unterworfen, da sich Angebot und Nachfrage ständig ändern. Es wurde ja schon erwähnt, dass die Gewinnentwicklung der wichtigste Einflussfaktor auf den Kurs einer Aktie ist.

Das Dilemma, mit dem man an der Börse leben muss, ist also folgendes: Die bereits bekannten Fakten haben auf die Kursentwicklung keinen Einfluss mehr, und die wirklich entscheidenden Daten kennt man noch nicht. Die "Kunst" besteht darin, die künftige Entwicklung möglichst zutreffend einzuschätzen. Und damit noch nicht genug: Er muss auch eine Prognose darüber abgeben, wie man an der Börse auf diese Entwicklung reagieren wird.

Fällt ein Quartals- oder Jahresergebnis unerwartet schlecht aus, und die Aktie wird vor allem von institutionellen Anlegern fallen gelassen wie eine heiße Kartoffel, dann ist die Stunde der Schnäppchenjäger gekommen. In solchen Situationen kann man Qualitätsaktien oft mit Rabatt kaufen. Ein schlechtes Quartalsergebnis ändert nichts an den langfristigen Aussichten. Sind diese gut, wird die Aktie den Verlust früher oder später wieder aufholen.

Das Kurs-Gewinn-Verhältnis (KGV)

Die Gewinnsituation ist für jeden Anleger ein überaus wichtiges Thema. Nicht umsonst hat sich das Kurs-Gewinn-Verhältnis (KGV) zur meistbeachteten Kennzahl am Aktienmarkt entwickelt. Es ermöglicht einen schnellen Überblick und gewährleistet den Vergleich verschiedener Aktien, Branchen und Märkte nach einem einheitlichen Kriterium. Das KGV hat also durchaus seine Vorteile, aber seine oberflächliche und leichtfertige Anwendung birgt auch Gefahren.

Die Berechnung ist ganz einfach: Man dividiert zunächst den erzielten oder erwarteten Unternehmensgewinn in einem bestimmten Zeitraum durch die Anzahl der von diesem Unternehmen ausgegebenen Aktien und erhält so den Gewinn je Aktie. Dann teilt man den aktuellen Kurswert der Aktie durch diesen anteiligen Gewinn:

$$\text{Kurs-Gewinn-Verhältnis} = \frac{\text{Kurswert}}{\text{Gewinn je Aktie}}$$

Da an der Börse Zukunftserwartungen gehandelt werden, ist das KGV für das jeweils laufende Jahr weit weniger beachtenswert als das des kommenden Jahrs. Wagemutige Analysten berechnen sogar Kurs-Gewinn-Verhältnisse für das übernächste oder noch weiter in der Zukunft liegende Jahre, aber je weiter entfernt der Berechnungszeitraum, desto größer die Unwägbarkeiten.

Gewinnschätzungen und KGVs für weit in der Zukunft liegende Zeiträume sind daher mit Vorsicht zu genießen. Noch ein wichtiger Punkt: Tendenziell sind KGV-Schätzungen desto zuverlässiger, je größer das betreffende Unternehmen ist. Großkonzerne werden permanent von einer Vielzahl von Analysten aus den verschiedensten Ländern beobachtet.

Sollte einer dieser Analysten mit seiner Gewinnschätzung krass daneben liegen, dann wird dieser Irrtum durch die zutreffenderen Schätzungen seiner Kollegen kompensiert. In den Medien werden nämlich meist die Konsensus-Werte veröffentlicht, also gewissermaßen Mittelwerte aller Analystenschätzungen. Kleine Unternehmen werden dagegen meist nur von wenigen Analysten beobachtet; im Extremfall von einem einzigen. Liegt dieser Analyst nun völlig schief, dann können Anleger, die sich auf seine Schätzung verlassen haben, einen bösen Reinfall erleben. Das Problem dabei ist, dass der auf die öffentlich zugänglichen Quellen – wie zum Beispiel einschlägige Fachzeitschriften – angewiesene Investor meist nicht weiß, wie zahlreich und wie seriös die Schätzungen sind, auf denen eine bestimmte KGV-Angabe beruht. Eine gute Informationsmöglichkeit bietet in dieser Hinsicht allerdings seit kurzem das Internet.

Wer Fehler vermeiden will, muss wissen, wo die Grenzen der Aussagekraft des Kurs-Gewinn-Verhältnisses liegen. Zum Beispiel ist ein sinnvoller Vergleich anhand des KGV nur bei Aktien möglich, die der gleichen oder zumindest verwandten Branchen angehören. Auch das Herkunftsland kann eine Rolle spielen, wichtiger ist aber im Allgemeinen die Branchenzugehörigkeit. Wenn man den Kursteil der Fachzeitschriften durchblättert, kann man extreme Unterschiede der KGVs feststellen, die verschiedenen Aktien für ein bestimmtes Jahr zugebilligt werden. Ein wichtiger Punkt: Unternehmen aus Branchen, die gegen Konjunkturschwankungen relativ immun sind – zum Beispiel Lebensmittel oder Energieversorger – weisen im Durchschnitt höhere KGVs auf als die sogenannten Zykliker, also konjunktursensitive Werte. Letztere verzeichnen nämlich erhebliche höhere Gewinnschwankungen von Jahr zu Jahr, und zudem sind ihre Ergebnisse schwieriger zu prognostizieren.

Eine Einschränkung ist allerdings zu machen: Die zyklischen Aktien weisen nicht immer niedrigere KGVs auf als Titel aus konjunkturresistenten Branchen, sondern nur in Phasen einer stabilen Branchenkonjunktur. In Rezessionszeiten liegen die KGVs zyklischer Titel oft sehr hoch.

Im Extremfall erübrigt sich die Berechnung des KGV sogar, denn wo kein G, sprich: kein Gewinn vorhanden ist, da gibt es auch kein KGV. Unternehmen aus konjunktursensitiven Branchen können in die roten Zahlen rutschen, wenn die Zeiten schlecht sind. Verlustjahre kommen hier weitaus häufiger vor als in nichtzyklischen Wirtschaftszweigen. Daher bringt es wenig, zum Beispiel einen Pharmawert, einen Banktitel und eine Goldmine anhand des KGV zu vergleichen. Je ähnlicher zwei Unternehmen sind, desto sinnvoller und aussagekräftiger ist die Anwendung dieses Kriteriums.

Das Kurs-Gewinn-Verhältnis ist übrigens nicht nur zum Vergleich verschiedener Unternehmen geeignet, sondern auch zur Einschätzung der aktuellen Bewertungssituation einer Aktie. Wenn man die nötigen Daten hat, kann man das historische Durchschnitts-KGV eines Titels und die Schwankungsbreite um diesen Mittelwert berechnen. Diese Bandbreite fällt in der Regel desto höher aus, je anfälliger das Unternehmen gegen konjunkturelle Schwankungen ist. Bei nichtzyklischen Unternehmen können Käufe interessant sein, wenn das aktuelle KGV deutlich unter dem historischen Durchschnitt liegt. Unter der Voraussetzung natürlich, dass sich die Zukunftsaussichten des Unternehmens nicht wesentlich verschlechtert haben.

Bei zyklischen Unternehmen ist die Relation historisches KGV/aktuelles KGV dagegen anders zu interpretieren. Für Langfristanleger kann ein guter Kaufzeitpunkt gekommen sein, wenn die Aktien extrem hohe KGVs aufweisen – oder auch gar keines, weil das Unternehmen Verluste verzeichnet. Das klingt nur auf den ersten Blick erstaunlich. Man muss sich vor Augen halten, dass in die KGV-Berechnung zwei Faktoren eingehen: Der aktuelle Kurswert und der Gewinn je Aktie. Liegt dieser Gewinn nahe Null, dann fällt das KGV extrem hoch aus. Das betreffende Unternehmen dürfte sich also am unteren Ende des Gewinn- und Umsatzzyklus befinden, und der Aktienkurs sollte in der Nähe des zyklischen Tiefs angekommen sein.

Wir haben schon festgehalten, dass der Kurswert einer Aktie die Unternehmensgewinne der Zukunft vorwegnimmt. Manche Unternehmen weisen eine stark schwankende Gewinnentwicklung auf. Andere, die weniger konjunkturanfällig sind, zeigen ein stetiges, aber relativ moderates Gewinnwachstum. Wieder andere wachsen sehr schnell. Umsatz und Gewinn legen jährlich um 30 oder sogar 50 Prozent zu. Es liegt auf der Hand, dass sich das aktuelle und vor allem das erwartete Gewinnwachstum auf die Börsenbewertung eines Unternehmens auswirken. Eine Faustregel: Das Kurs-Gewinn-Verhältnis einer Aktie sollte nicht höher liegen als das – erwartete – durchschnittliche prozentuale Gewinnwachstum der nächsten drei bis fünf Jahre. Wenn die Fachanalysten ein dauerhaftes Gewinnwachstum von 40 Prozent erwarten, dann ist ein KGV von 40 für die Aktie des betreffenden Unternehmens also durchaus angemessen – auch wenn diese Bewertung weit über dem Marktdurchschnitt zum gleichen Zeitpunkt liegt. Viele Aktien aus dem Computer- und Software-Bereich waren in den vergangenen Jahren nach KGV-Kriterien stets wesentlich „teurer" als andere Titel, aber ihre Kursentwicklung hat die hohe Bewertung gerechtfertigt. Leider läuft es aber nicht immer so. Gerade bei Aktien, denen man ein weit überdurchschnittliches Wachstum zutraut, und die ein entsprechend hohes Kurs-Gewinn-Verhältnis aufweisen, können schon Enttäuschungen zu erheblichen Kurseinbrüchen führen. Falls man einem Unternehmen statt eines langfristigen Gewinnwachstums von 40 Prozent nur noch eine jährliche Steigerung von 20 Prozent zutraut, dann ist dies ein guter Grund für eine Halbierung des Aktienkurses.

An der Börse kommt es immer wieder zu krassen Über- und Unterbewertungen bestimmter Gruppen von Aktien. Das KGV ist ein brauchbares Hilfsmittel, um solche Fehlbewertungen zu erkennen. Man kann übrigens nicht nur einzelne Aktien anhand des Kurs-Gewinn-Verhältnisses vergleichen, sondern auch Branchen und Märkte. Dabei lässt sich feststellen, ob zum Beispiel der deutsche oder der amerikanische Aktienmarkt angemessen bewertet ist.

Das Markt-KGV liegt in manchen Ländern traditionell höher als in anderen. Das Musterbeispiel ist Japan, denn japanische Titel sind in der Regel deutlich teurer als der Durchschnitt amerikanischer oder europäischer Titel. Bis zum Ende des jahrzehntelangen Aktienbooms in Japan im Dezember 1989 war die Erwartung langfristig stark steigender Unternehmensgewinne der wohl wichtigste Grund für dieses Phänomen. Diese Erwartungen haben sich allerdings in Schall und Rauch aufgelöst, wenn man von wenigen Ausnahmen wie Sony oder NEC absieht. Das Durchschnitts-KGV eines nationalen Aktienmarkts wird natürlich unter anderem von der konjunkturellen Situation und vom erwarteten Gewinnwachstum der Unternehmen geprägt. Noch wichtiger ist aber das Zinsniveau. Je niedriger die risikolos zu erzielende Rendite erstklassiger Anleihen liegt, desto attraktiver werden Aktienengagements in dem betreffenden Land, und desto höher fällt daher auch das durchschnittliche Aktien-KGV aus. Nach KGV-Kriterien gilt ein Aktienmarkt dann als fair bewertet, wenn das durchschnittliche Kurs-Gewinn-Verhältnis dem Kehrwert der prozentualen Rendite festverzinslicher Wertpapiere entspricht. Als Maßstab wird dabei die Rendite zehnjähriger Staatsanleihen herangezogen. Das sogenannte Anleihen- oder Renten-KGV berechnet man nach der Formel:

$$\text{Renten-KGV} = \frac{100}{\text{Rendite zehnjähriger Staatsanleihen}}$$

Die Dividendenrendite

Es gibt eigentlich nur zwei vernünftige Gründe, Aktien zu kaufen: Die Hoffnung auf einen Kursgewinn und die Aussicht auf regelmäßiges Einkommen durch Dividendenzahlungen. Der letztgenannte Punkt spielt vor allem für konservative Langfristanleger eine Rolle. Die Bedeutung dieses Aspekts hat sich jedoch im Lauf der Zeit deutlich verändert. Noch vor wenigen Jahrzehnten war es undenkbar, dass ein Unternehmen Gewinne erwirtschaftete, ohne seine Aktionäre in Form von Dividenden daran teilhaben zu lassen. Eine ausschüttungslose Aktie hätte damals niemand gekauft. Die Dividendenlosigkeit war ein sicheres Zeichen dafür, dass die AG in ernsthaften Schwierigkeiten steckte.

Seither hat sich allerdings einiges verändert. Vor allem haben sich Branchen wie Computer und Software in den Vordergrund des Anlegerinteresses geschoben, und einige der erfolgreichsten Unternehmen aus diesen Bereichen zahlen grundsätzlich keine Dividenden. Da die Aktionäre dieser Unternehmen zwar auf Dividenden verzichten mussten, aber enorme Kursgewinne verzeichneten, setzte an den internationalen Börsen allmählich ein Umdenkungsprozess ein. Das begann in den USA und verbreitete sich später auch in Europa. Heute gibt es sogar in Deutschland mit dem

Neuen Markt ein wichtiges Börsensegment, wo die Dividendenrendite so gut wie keine Rolle mehr spielt. Die Aktionäre sind vor allem auf Kursgewinne aus. Zudem haben sie verstanden und akzeptiert, dass es durchaus im Interesse der Aktionäre liegt, wenn ein junges Unternehmen Gewinne reinvestiert, anstatt sie in Form von Dividenden an die Anteilseigner auszuschütten. Halten wir fest: Ein Unternehmen, das Dividenden zahlt, muss wirtschaftlich nicht besser dastehen als eines, das darauf verzichtet. Im Gegensatz zu früheren Zeiten ist die Dividendenausschüttung kein Qualitätsmerkmal für eine Aktie mehr.

Trotz aller dieser Einschränkungen ist es nicht so, dass die Dividendenrendite gar nichts aussagt. Man muss allerdings genau differenzieren. Eine Dividendenkürzung oder gar der völlige Verzicht auf eine Ausschüttung sind nur dann ein Warnsignal, wenn das Unternehmen zuvor jahrelang konstante oder steigende Dividenden gezahlt hat. Außerdem bedeutet eine hohe Dividendenrendite eine Absicherung des Aktienkurses gegen Verluste. Wenn die Rendite einer Aktie höher liegt als die einer zehnjährigen Bundesanleihe, dann hat sie nicht mehr viel Platz nach unten. Sollte sie weiter absinken, werden konservative Langfristanleger schon allein aus Renditegründen zugreifen. Das gilt aber auch nur dann, wenn die aktuelle Höhe der Ausschüttung auch für die Zukunft gut abgesichert ist.

In Fachzeitschriften und auch in den Wirtschaftsteilen überregionaler Tageszeitungen findet man Angaben über die Dividendenhöhe deutscher und ausländischer Aktien. Falls statt der Ausschüttungshöhe die Dividendenrendite angegeben ist, die nach der Formel

$$\text{Dividendenrendite} = \frac{\text{Dividende} \cdot 100}{\text{Kurswert der Aktie}}$$

berechnet wird, ist der Anleger vor Fehlinterpretationen sicher. Er muss dann nur noch darauf achten, ob in die Berechnungsformel die zuletzt bezahlte Dividende eingeflossen ist, oder ob der Schätzwert für die kommende Ausschüttung verwendet wurde. Noch ein Punkt ist zu beachten: Deutsche Unternehmen schütten die gesamte Dividende für ein bestimmtes Geschäftsjahr einmal jährlich aus, und zwar am Tag nach der Hauptversammlung. An diesem Tag kommt es zum sogenannten Dividendenabschlag. Da die Dividende nun ausgeschüttet ist und nicht mehr „im Kurs steckt", muss der Aktienkurs am Tag der Zahlung – alle anderen Einflussfaktoren ausgeklammert – um die Höhe der Bardividende sinken. Wer nun kauft, kann zwar mit einem entsprechend niedrigeren Einstandskurs rechnen, muss allerdings auch ein volles Jahr warten, bis er in den Genuss einer Dividendenausschüttung kommt.

Zusammenfassend ist zum Thema Dividendenrendite zu sagen: Das Beste an einer hohen Rendite ist die Absicherung des Aktienkurses nach unten – falls die Ausschüttung auch für die Zukunft einigermaßen gesichert scheint. Das Schlechteste an dieser Kennzahl ist die mangelnde Prognostizierbarkeit künftiger Ausschüttungen.

So funktioniert die technische Analyse

Ist eine Aktie tatsächlich soviel Wert, wie Kurse glauben machen? Das Marktverhalten mit Hilfe von Charts zu studieren, ist weltweit eines der wichtigstes Hilfsmittel der Anleger geworden. Die Grundannahme der technischen Analyse lautet, dass in der Kurs- und Umsatzentwicklung einer Aktie alles seinen Ausdruck findet, was für diese Aktie relevant ist.

Der Trend

Eine der wichtigsten Grundannahmen der technischen Analyse ist, dass Aktien sich in Trends bewegen. Ein einmal etablierter Trend bleibt in Kraft, bis sich ein neuer Trend herausbildet. Das Erkennen von Trends und Trendwenden ist somit das wichtigste Ziel der Analyse. Solange es keine klaren Anzeichen für eine Trendwende gibt, muss man davon ausgehen, dass der bestehende Trend sich fortsetzen wird. Das heißt: Die nächste Kursbewegung sollte in der gleichen Richtung verlaufen wie die vorhergehende.

Nicht alle Aktien oder Indizes zeigen ein ausgeprägtes Trendverhalten. Es gibt auch Seitwärtsbewegungen, also trendlose Phasen, die sogar relativ lange dauern können.

Wenn man Langfristcharts von Aktien oder Indizes untersucht, stellt man fest, dass ausgesprochene Trendphasen sogar recht selten sind. Um so wichtiger ist es für den Anleger, solche Trends rechtzeitig zu identifizieren und Investments entsprechend zu positionieren.

Trendlinien und Trendkanal

Wenn er einen ausgeprägten Trend ausgemacht hat, greift der Charttechniker zum Lineal und zeichnet einen Trendkanal ein. Er zieht eine Linie durch die jeweiligen Hochpunkte und gewinnt somit die obere Begrenzungslinie des Kanals. Durch Verbindung der Tiefpunkte zeichnet er die untere Begrenzungslinie ein. Ist der Trend nach oben gerichtet, so spricht man von einem Aufwärtstrendkanal. Tendiert die Aktie nach unten, handelt es sich um einen Abwärtstrendkanal. Solange der Kurs sich nun innerhalb des Kanals bewegt, ist der Trend intakt. Der Kanal kann allerdings auch verlassen werden. Hier gibt es vier verschiedene Konstellationen.

1. *Ausbruch nach oben aus einem Aufwärtstrendkanal*
2. *Ausbruch nach unten aus einem Aufwärtstrendkanal*
3. *Ausbruch nach oben aus einem Abwärtstrendkanal*
4. *Ausbruch nach unten aus einem Abwärtstrendkanal.*

Die Fälle 1 und 4 wären als Trendbeschleunigung zu werten, die Fälle 2 und 3 als Trendwende. Ein Ausbruch ist natürlich desto aussagekräftiger, je deutlicher der Kanal verlassen wird und je höher der die Bewegung begleitende Umsatz ausfällt.

Trendlinien gewinnt man durch die Verbindung der unteren Kurspunkte bei einem Aufwärts- und der oberen bei einem Abwärtstrend. Analog zum Trendkanal gilt: Solange die Trendlinie nicht durchbrochen wird, ist der Trend intakt.

Widerstand und Unterstützung

Bei der Untersuchung von Charts stellt man immer wieder fest, dass zum Beispiel eine Aufwärtsbewegung an bestimmten Kursmarken oder in manchen Kurszonen ins Stocken kommt. Aus technischer Sicht ist es sehr bedeutsam, ob der Kurs diesen Bereich schließlich überwindet oder endgültig an ihm scheitert. Man spricht hier von einem Widerstand oder von einer Widerstandszone. Typische Widerstände liegen zum Beispiel im Bereich ehemaliger Höchstkurse oder auch an „runden" Kursmarken wie 100 Dollar oder 1000 Euro.

Letzteres hat in erster Linie psychologische Ursachen. Widerstände im Bereich früherer Höchstkurse sind jedoch auf andere Gründe zurückzuführen. Man kann es sich so vorstellen, dass viele Anleger vor Monaten oder Jahren zu diesen Kursen gekauft haben und die Aktien immer noch besitzen. Es ist eine bekannte Tatsache, dass viele Anleger die größten Schwierigkeiten damit haben, entstandene Buchverluste durch Verkauf zu realen Verlusten zu machen. Wenn sich die Hoffnung dieser Investoren nun erfüllt, und ein Titel tatsächlich die alten Höchstkurse wieder erreicht, dann kommen durch ihre Verkäufe eventuell große Stückzahlen dieser Aktie auf den Markt. Dadurch erhöht sich das Angebot.

Widerstand und Unterstützung

Wenn diesem gesteigerten Angebot keine entsprechende Nachfrage gegenübersteht, muss der Preis nach allen Regeln des Marktes sinken. Es werden daher nicht alle angebotenen Aktien zu den alten Höchstkursen verkauft, und der Nachfrageüberhang besteht weiter. Zieht die Aktie wieder an, wird er allerdings reduziert, und wenn der Aufwärtstrend stark genug ist, wird die Aktie schließlich über die Widerstandszone steigen. Nicht der unwichtigste Pluspunkt von Widerstands- und Unterstützungszonen ist, dass es sich um einfache, einleuchtende Konzepte handelt. Auch ein technischer Laie dürfte keine Schwierigkeiten haben, bei der Untersuchung eines Chart schon auf den ersten Blick zu erkennen, in welchen Bereichen eine Aktie Unterstützung hat oder auf einen Widerstand stoßen wird.

Beim Überwinden eines Widerstands oder beim Durchbrechen einer Unterstützung ist natürlich auch die Umsatzentwicklung zu beachten. Wenn ein solches Ereignis von markant steigenden Umsätzen begleitet wird, so ist dies ein starkes Signal für die künftige Kursentwicklung. Bestätigt der Umsatz die Kursbewegung jedoch nicht, so ist ihre Aussagekraft eingeschränkt. Die Bandbreite von Widerstands- und Unterstützungszonen hängt in erster Linie von der Volatilität, also der Kursbeweglichkeit einer Aktie ab. Zeigt ein Titel über lange Zeit im Vergleich zum Gesamtmarkt weit überdurchschnittliche Kursausschläge, dann entstehen relativ breite Widerstands- und Unterstützungszonen. Eine Aufwärts- oder Abwärtsbewegung muss also schon sehr kräftig ausfallen, damit eine solche Zone signifikant durchbrochen wird. Der technische Analyst achtet auf die Kurs- und Umsatzveränderungen und reagiert entsprechend.

Gleitende Durchschnitte

Die technische Analyse bedient sich gleitender Durchschnitte zur Interpretation von Kursverläufen und zur Prognose von Trends. Gleitende Durchschnitte bilden den jeweils durchschnittlichen Kurs einer Anzahl von Börsentagen ab. An jedem Handelstag geht der jeweils aktuelle Kurs neu in die Berechnung ein, und der am weitesten zurückliegende wird eliminiert. Am verbreitetsten sind der 200- und der 90-Tage-Durchschnitt. Man kann den gleitenden Durchschnitt als Linie in einen Aktienchart einzeichnen und gewinnt so einen Indikator dafür, ob ein Trend als intakt gelten kann. Schneidet die Linie des Kursverlaufs die Durchschnittslinie von oben nach unten, fällt also auf ein unter dem Durchschnitt der letzten, sagen wir 200 Börsentage liegendes Niveau, dann ist dies als Verkaufssignal zu werten. Umgekehrt gilt es als Kaufsignal, wenn der Kurs den gleitenden Durchschnitt von unten nach oben schneidet. Soweit die allgemeine Regel, aber es lohnt sich, die Sache ein wenig differenzierter zu betrachten. Vergleichen wir zum Beispiel die Aussagekraft der beiden verbreitetsten Durchschnitte, die die Kursentwicklung der vergangenen 90 oder 200 Börsentage abbilden.

Das wiederum bedeutet, dass der erste schneller auf aktuelle Veränderungen reagiert, denn der jeweils letzte Kurs geht mit einem mehr als doppelt so hohen Gewicht in die Berechnung ein wie beim 200-Tage-Schnitt. Das ist wichtig, denn es gibt zwei Dinge, die der Charttechniker nach Kräften zu meiden versucht:

- *Einen Trendwechsel zu spät zu erkennen und somit Kurspotential zu verschenken.*
- *Auf ein Fehlsignal hereinzufallen.*

Es ist nicht leicht, beide Gefahren zugleich zu vermeiden.

Zumindest dann nicht, wenn man sich vor allem auf gleitende Durchschnitte verlässt. Bis nämlich ein Aktienkurs die 200-Tage-Linie schneidet, muss schon einiges passiert sein. Auch wenn das Signal sich später als richtig erweisen sollte, ist schon ein großer Teil der Kursbewegung absolviert, ehe man entsprechend reagieren kann. Dieses Manko kann man umgehen, indem man auf die 90-Tage-Linie achtet. Der Nachteil: Die Quote der Fehlsignale ist hier wesentlich höher als beim 200-Tage-Schnitt. Das muss man wissen und gegebenenfalls andere Kriterien zur Beurteilung der technischen Lage heranziehen. In normalen Börsenzeiten gehören gleitende Durchschnitte allerdings zu den bewährtesten Werkzeugen der technischen Wertpapieranalyse, sie liefern die besten Signale in Märkten, die von einem klaren Trend geprägt sind.

Chartformationen

Die Charttechnik wird immer beliebter. Sie wird schon seit Jahzehnten von professionellen Investoren mit Erfolg eingesetzt. Die Auswertung von Charts soll in erster Linie Informationen liefern, ob ein bestehender Trend sich fortsetzen oder von einem entgegengesetzten Trend abgelöst werden wird. In seitwärts verlaufenden Märkten geht es um die Frage, wann sich ein neuer Trend entwickeln und in welche Richtung er verlaufen wird. Es gibt verschiedene typische Chartbilder, die Hinweise zur Beantwortung dieser Fragen liefern können. Man unterscheidet dabei allgemein zwischen trendbestätigenden und Trendumkehrformationen.

Es ist dabei völlig gleichgültig, **warum** sich ein Kurs in eine bestimmte Richtung entwickelt. Entscheidend ist einzig und allein, **dass** er sich so entwickelt, und dass der Anleger richtig darauf reagiert. Was man auch von der technischen Analyse halten mag – diesem Argument ist eine gewisse Überzeugungskraft nicht abzusprechen.

Die V-Formation

Betrachten wir zunächst die wichtigsten Trendumkehrformationen. Nehmen wir an, eine Aktie zeige einen ausgeprägten Aufwärtstrend. Der Chart bewegt sich mit einem mehr oder weniger steilen Neigungswinkel nach oben, ohne größere Unterbrechungen des Trends zu zeigen. Es passiert nur sehr selten, dass sich ein so starker Trend ohne Vorwarnung umkehrt.

Bei einer V-Formation fällt der Chart von seinem Hochpunkt aus kontinuierlich. Er würde dann aussehen wie ein umgedrehtes “V”. So etwas gibt es, aber es ist die Ausnahme. Dies stellt ein klares Verkaufssignal dar. Wenn der Kurs nach Vollendung eines “Vs” wieder nach oben ansteigt, dann stellt dies ein mögliches Kaufsignal dar.

Die M-Formation (W-Formation)

In der Regel wird die Aktie nach einem ersten Rückschlag noch einmal einen Anlauf nach oben nehmen. Vielleicht erreicht sie den ersten Hochpunkt noch einmal, bevor sie nach unten dreht. Der Chart würde dann wie ein „M“ aussehen. Die M-Formation (Doppel-Top) steht für eine deutliche Trendumkehr. Die beiden Kursspitzen müssen allerdings mit einem gewissen zeitlichen Abstand auftreten, damit dieses Chartbild als Vorbote einer Trendumkehr zu interpretieren ist. Die meisten Charttechniker stimmen darin überein, dass zwischen dem ersten Höchstkurs und seinem erneuten Erreichen

W-Formation

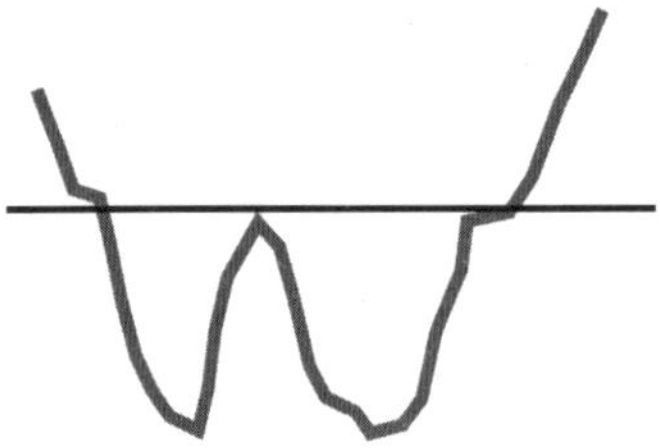

mindestens zwei Monate liegen sollten. Es muss nicht exakt der gleiche Kurs sein; eine Differenz von bis zu zwei Prozent ist durchaus noch regelkonform. Analog gilt bei einem Abwärtstrend das gleiche. Wir haben es dann mit einer W-Formation zu tun.

Die Schulter-Kopf-Schulter-Formation

Diese Chartformation ist deshalb so benannt, weil der Chart einem menschlichem Körper mit zwei Schultern und einem Kopf ähnelt. Interessant ist die Bildung einer linken Schulter und ein Anstieg zum Kopf. Nun muss sich entscheiden, ob der Kurs auch eine rechte Schulter bildet.

Die meisten Aktien bewegen sich über einen recht langen Zeitraum im Bereich der Höchstnotierungen. Wenn der Kurs nun nicht mehr so recht von der Stelle kommt und zunächst mehr oder weniger seitwärts verläuft, befindet er sich ganz offensichtlich in einer massiven Widerstandszone. Der Kurs erreicht zunächst ein Hoch, fällt wieder zurück und erreicht dann ein zweites Hoch, das deutlich über dem ersten liegt. Dann fällt er wieder ab. Er erholt sich zwar auch diesmal, aber nur bis zum Niveau des ersten Hochs; das zweite erreicht er

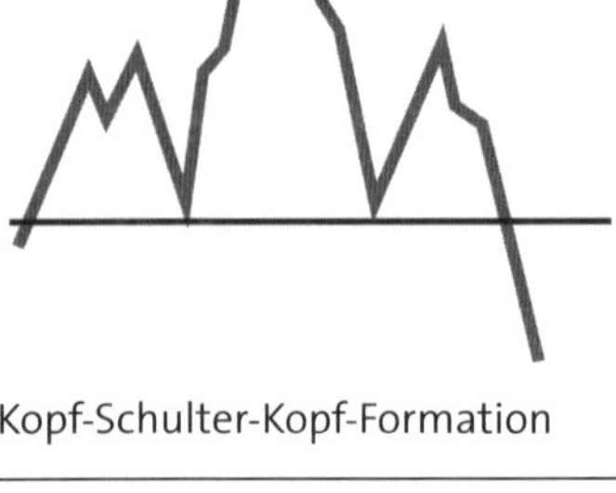

Kopf-Schulter-Kopf-Formation

nicht mehr. Wenn er nun erneut abfällt, spricht man von einer Schulter-Kopf-Schulter-Formation. Dabei handelt es sich um ein typisches, recht häufiges Chartbild, das eine Trendumkehr von oben nach unten signalisiert. Wenn der Kurs die so genannte Nackenlinie durchbricht, also die Linie zwischen den Ausgangspunkten der beiden Schultern, dann ist der Zeitpunkt gekommen, auf weiter fallende Kurse zu spekulieren.

Die Schulter-Kopf-Schulter-Formation bildet also drei Kursspitzen aus, wobei auch hier, ähnlich wie bei der M-Formation, mindestens zwei Monate zwischen der ersten und der dritten liegen sollten. Wie bei der V-Formation gibt es auch eine umgekehrte Schulter-Kopf-Schulter-Formation am Ende eines Abwärtstrends.

Das Rechteck

Nehmen wir an, eine Aktie habe in den vergangenen Monaten einen ausgeprägten Aufwärtstrend gezeigt. Nun verliert sie zwar an Schwung, aber nicht merklich an Boden. Sie schwankt ziellos in einem bestimmten Kursbereich. der Kurs zeigt einen zickzackförmigen Verlauf, wobei der untere Bereich der Kurszone ebenso erreicht wird wie der obere. Da die Hochs in etwa alle auf dem gleichen Niveau liegen – was auch für die Tiefs gilt – ergibt sich ein Seitwärtskanal, der, wenn man die obere und untere Linie miteinander verbindet, die Form eines Rechtecks hat. Rechtecksformationen können sich über

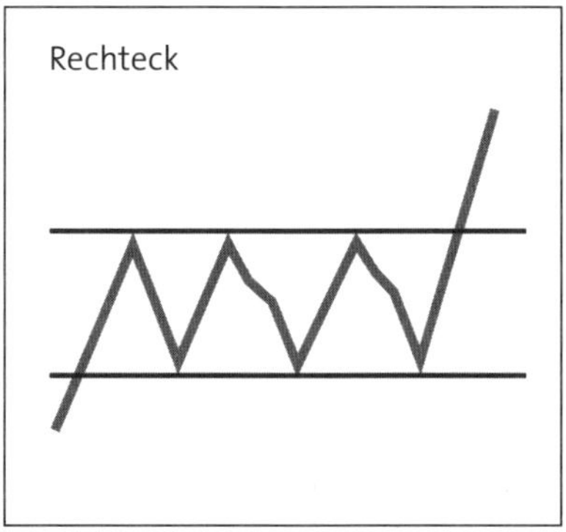

mehrere Monate fortsetzen, ohne daß sich ein klarer Trend entwickelt. Das weitere Schicksal der Aktie hängt nun davon ab, ob der Kurs dieses Rechteck nach oben oder nach unten verlässt. Rechteckformationen können sich über mehrere Monate fortsetzen, ohne dass sich ein klarer Trend entwickelt. Der Anleger muss eventuell durch Stops vorsorgen, dass er bei einem plötzlichen Ausbruch in eine Richtung, die dann aller Wahrscheinlichkeit nach fortgesetzt wird, nicht auf dem falschen Fuß erwischt wird

Dreiecke

Eine weitere wichtige neutrale Chartformation ist das symmetrische Dreieck: Der Kurs schwankt um einen Mittelwert, wobei die Ausschläge im Lauf der Zeit immer geringer werden. Verbindet man die Kursspitzen und die Kurstiefs jeweils durch eine Linie, dann bilden diese Linien ein Dreieck, wobei der aktuelle Kurs dessen Spitze darstellt. Auch in dieser Chartformation bleibt es zunächst unklar, wohin der Kurs schließlich tendieren wird. Erst wenn die Dreiecksformation signifikant nach oben oder nach unten verlassen wird, besteht aus technischer Sicht Handlungsbedarf. Während die Charttechniker bei symmetrischen Dreiecken mit einer Fortsetzung des zuvor vorherrschenden Trends rechnen, ist bei nichtsymmetrischen, also ansteigenden oder abfallenden Dreiecken ein neuer Trend in Richtung des Neigungswinkels der Hypotenuse zu erwarten. Weit wichtiger als die Art der Drei-

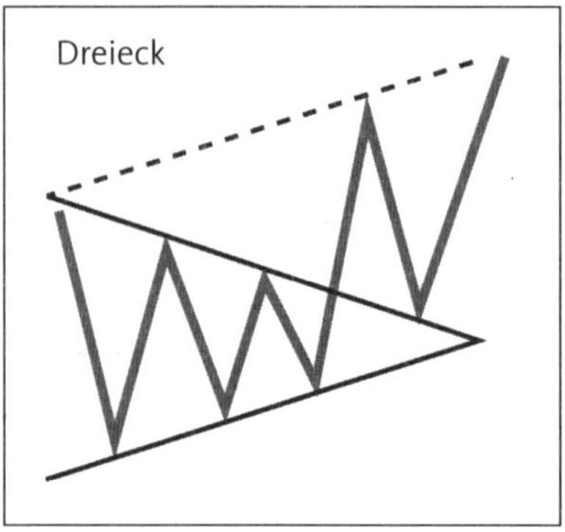

ecksformation ist allerdings die Richtung, in der ein Kurs das Dreieck verlässt.

Flaggen und Wimpel

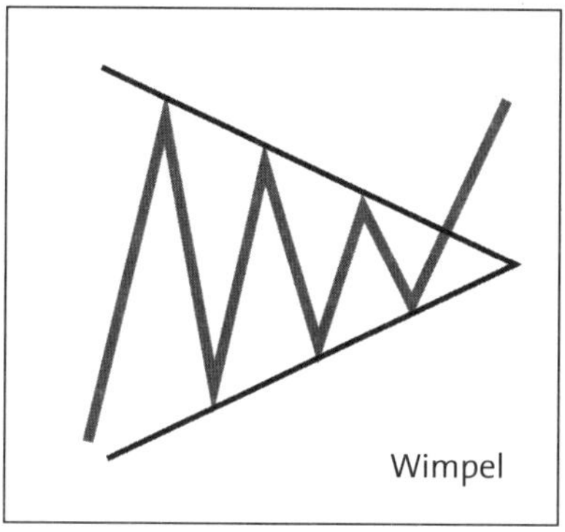

Im Gegensatz zum Dreieck weisen diese beiden Formationen eine engere Kursspanne auf und werden als Pausen innerhalb eines bestehenden Trends interpretiert. Sie sind also Trendbestätigungsformationen – der Charttechniker rechnet damit, dass der Kurs nach Verlassen einer Flagge oder eines Wimpels in die gleiche Richtung tendieren wird, die er zuvor bereits eingeschlagen hatte

Diese Branchen sind die wichtigsten

Neben der allgemeinen wirtschaftlichen Lage und unternehmensspezifischen Faktoren ist auch die Zugehörigkeit zu einer bestimmten Branche ein Faktor, den man beachten muss. Es gibt Wirtschaftszweige, deren Umsatz- und Gewinnentwicklung stark von der konjunkturellen Situation abhängig sind. Und es gibt andere, die davon vergleichsweise wenig betroffen werden. Man kann sich das so vorstellen: Die Stahlnachfrage ist in wirtschaftlichen Boomzeiten erheblich höher als bei einer konjunkturellen Flaute, denn es werden mehr Autos verkauft, mehr Häuser gebaut, mehr Verpackungen verbraucht. Die Hauptabnehmer der Stahlbranche verzeichnen also steigende Nachfrage, und das wirkt sich auf die Preise aus. Die Produktionskapazitäten der Stahlhersteller sind in solchen Phasen meist voll ausgelastet, und die Unternehmen verdienen gutes Geld. Im Fall einer Rezession sinkt allerdings die Nachfrage, und entsprechend flau stellt sich die Gewinnsituation der Produzenten dar.

Nun gibt es allerdings auch Wirtschaftszweige, die nicht so stark von konjunkturellen Entwicklungen abhängt. Als Musterbeispiel können die Lebensmittelhersteller gelten, denn gegessen wird immer, ob die Zeiten nun gut oder schlecht sind. Letztlich gehören all diejenigen Branchen zu den Nicht-Zyklikern, auf deren Produkte man nicht gänzlich verzichten kann, die nicht substituiert, also durch andere ersetzt werden können, und bei denen es zudem schwierig bis unmöglich ist, den Kauf hinauszuschieben. Zu den typischen Nicht-Zyklikern gehören Aktien aus den Branchen Lebensmittel, Pharmazie, Textilien und Versicherungen.

Es lässt sich immer wieder feststellen, dass zyklische Aktien in konjunkturellen Boomzeiten überdurchschnittliche Renditen erbringen, während Titel aus mehr oder weniger konjunkturresistenten Branchen in wirtschaftlich schwierigen Zeiten besser abschneiden. Ganz so einfach ist es aber nicht, und deshalb lohnt es sich, dieses Thema ein wenig näher zu betrachten.

Wer eine bestimmte Aktie kauft, muss wissen, was er tut. Dann braucht er sich später auch nicht darüber zu wundern, warum seine Titel an Kurswert verlieren, während der Gesamtmarkt freundlich tendiert. Es lohnt sich also, die wichtigsten Einflussfaktoren auf Unternehmen der verschiedenen Branchen zu studieren.

Jede Branche hat ihre eigenen Gesetze. Manche sind stark mit der allgemeinen Wirtschaftsentwicklung korreliert, andere erweisen sich als konjunkturresistent, wieder andere zeigen ganz eigenständige Merkmale, die der Investor kennen muss, wenn er Erfolg haben will. In manchen Industriezweigen muss man tatsächlich jedes einzelne Unternehmen separat betrachten, um zu einer Entscheidung zu kommen, in anderen gibt es einen Haupteinflussfaktor, der sich allgemein auswirkt. Musterbeispiel: Für sämtliche Goldminen dieser Welt ist der Goldpreis der wichtigste Faktor. Sehen wir uns also die wichtigsten Branchen an:

Pharmazie

Die internationalen Pharma-Unternehmen profitieren von einem säkularen Trend: Die Menschen werden immer älter. Die Pharma-Branche, die früher durchaus zyklische Kursverläufe zeigte, erweist sich daher immer mehr als konjunkturunabhängig. Speziell in dieser Branche gibt es allerdings einige sehr wichtige Dinge, auf die Anleger achten müssen: Viele Pharma-Unternehmen erzielen den Großteil ihrer Gewinne mit zwei oder drei Medikamenten, deren Patente bald auslaufen werden. Haben solche Unternehmen keine vielversprechenden Nachfolgeprodukte in der Pipeline, dann kann sich die Gewinnsituation schnell und drastisch verschlechtern. Ein sehr wichtiger Punkt, den man vor einer Kaufentscheidung beachten sollte. Zudem gibt es in der Pharma-Branche den Drang zur Größe. Schon in den vergangenen Jahren fanden einige Großfusionen statt, und dieser Trend wird sich fortsetzen. Aus kartellbehördlicher Sicht wird es dagegen kaum Einwände geben, denn kein Pharma-Unternehmen erreicht einen Weltmarktanteil von mehr als fünf Prozent – ganz im Gegensatz etwa zu den Automobilherstellern oder den Ölmultis. Die Aktien potenzieller Übernahmekandidaten sind also in der Regel eine gute Investition. Noch ein wichtiger Punkt: Einige Unternehmen sind sowohl im Bereich Pharmazie als auch in der Chemiebranche tätig. Beide Industriezweige weisen völlig unterschiedliche Zyklen auf, wobei die Faustregel gilt: Je höher der Chemie-Anteil, desto konjunkturreagibler ist das Unternehmen und somit auch die Aktie. Die gesamtwirtschaftliche Bedeutung der Pharma-Branche dürfte aus den genannten Gründen langfristig wachsen.

Öl

Hier muss man zunächst zwischen den großen integrierten Ölkonzernen wie Exxon/Mobil oder Royal Dutch/Shell und den „Explorern" unterscheiden. Für die letztgenannten ist der Rohölpreis der entscheidende Faktor. Je höher er steigt, desto reger wird die Nachfrage nach Bohr- und Explorationskapazitäten. Da es hier starke Schwankungen gibt, weisen die Aktien dieser Unternehmen sehr heftige Kursausschläge auf und eignen sich nur für risikobereite Anleger. Bei den integrierten Ölkonzernen lohnt sich der Blick, darauf, ob ein bestimmtes Unternehmen vorwiegend im Upstream-Bereich, also in der Ölförderung tätig ist oder den Großteil seiner Erlöse im Downstream-Bereich, also mit Raffinerieprodukten erzielt. Die meisten der großen Ölkonzerne sind zudem auch in den Bereichen Erdgas und/oder Chemie tätig. Auch in der Ölbranche gab es zuletzt einige aufsehenerregende Unternehmenshochzeiten: So hat British Petroleum zunächst Amoco und wenig später Atlantic Richfield geschluckt. Der Trend zur Größe dürfte sich auch in dieser Branche fortsetzen. Die Aktien der Ölmultis neigen in der Regel nicht zu starken Kursausschlägen und weisen meist überdurchschnittliche Dividendenrenditen auf.

NE-Metalle

Zu den NE- oder Nichteisenmetallen zählen eigentlich alle Metalle außer eben Eisen und den Edelmetallen wie Gold, Silber, Platin und Palladium. Die wirtschaftlich wichtigsten NE-Metalle sind Kupfer, Aluminium, Nickel, Zinn, Zink und Blei. Die größten Unternehmen der Branche sind in Nordamerika und Australien beheimatet. Da die Nachfrage nach Industriemetallen stark konjunkturabhängig ist, handelt es sich hier um eine typisch zyklische Branche. Haupteinflussfaktoren auf die Gewinnentwicklung der Unternehmen sind die Metallpreise. Vor einer Kaufentscheidung sollte der Anleger daher die konjunkturelle Situation und die zu erwartende Metallpreisentwicklung prüfen. Wichtig ist natürlich auch, welche Metalle das jeweilige Unternehmen produziert, denn obwohl die Preisentwicklungen von Aluminium, Kupfer etc. meist stark miteinander korreliert sind, gibt es doch auch Ausnahmen. Am sinnvollsten ist der Kauf von NE-Metall-Aktien dann, wenn die Metallpreise stark gedrückt sind und erste Anzeichen einer Erholung zeigen. Wegen der ausgeprägten Zyklik der Branche sind die Titel allerdings für konservativ geführte Depots kaum geeignet.

Elektronik

Aus diesem Bereich kommen einige der bedeutendsten börsennotierten Unternehmen der Welt. Die Elektrotitel gelten als klassische Spätzykliker. Das heißt, sie kommen in der Regel erst in der Spätphase eines Konjunkturzyklus so richtig ins Laufen. Die Zyklik der Branche hat allerdings in den vergangenen Jahrzehnten deutlich nachgelassen. Das liegt unter anderem daran, dass viele Unternehmen mit Erfolg diversifiziert haben. So stellt Weltmarktführer General Electric (GE) aus den USA vom Kraftwerk über die Jet-Turbine bis zur Glühbirne so ziemlich alles her, was mit Elektrizität zu tun hat. Zudem ist GE heute auch einer der bedeutendsten Finanzdienstleister der Vereinigten Staaten. Auch die deutsche Siemens wird ja manchmal – spöttisch, aber nicht ohne Respekt – als Bank mit angeschlossener Elektroabteilung bezeichnet. Die Zyklik der meisten Elektrounternehmen ist daher heute weit geringer als früher. Man muss in dieser Branche jedoch jede Aktie gesondert betrachten. Auch unter den weltbekannten Blue Chips gibt es, was die Gewinnstabilität und die Volatilität der Aktien anbeangt, gewaltige Unterschiede.

Automobile

Die Autobranche gehört nach wie vor zu den wichtigsten Wirtschaftszweigen, und das gilt in besonderem Maß für Deutschland. Automobilaktien spielen an den deutschen Börsenplätzen daher eine sehr bedeutende Rolle. Die Branche zeigt ausgeprägte Zyklen, und die Gewinnsituation der Unternehmen kann sich innerhalb eines Jahres deutlich verändern. Da die Automobilhersteller in der Regel auch zu den größten Exporteuren ihrer Länder gehören, reagieren Auto-Aktien oft sehr empfindlich auf Wechselkursveränderungen. Inbesondere ist hier die Entwicklung des US-Dollar gegenüber dem Euro und dem japanischen Yen zu beachten. Auch in der Autobranche grassiert die Fusionitis; der Zusammenschluss von Daimler-Benz und Chrysler dürfte nicht der letzte gewesen sein. Wegen der Zyklik der Branche ist das Timing wichtig. Auto-Aktien kauft man sinnvollerweise dann, wenn die Unternehmen über Absatzeinbrüche und schrumpfende Gewinne klagen, denn der nächste Aufschwung kommt bestimmt.

Telekommunikation

Hierbei handelt es sich um eine relativ junge Branche; zumindest was das Börsengeschehen betrifft, denn die meisten großen europäischen Telecom-Unternehmen waren ursprünglich in Staatsbesitz, sind erst in den vergangenen Jahren privatisiert worden und an die Börse gegangen. Durch die Abschaffung der früheren Monopole in Europa sind auch viele neue Unternehmen entstanden, die den alten Platzhirschen Markt-anteile streitig machen – zum Teil mit großem Erfolg. Kaum eine andere Branche hat für das Börsengeschehen in den vergangenen Jahren so an Bedeutung gewonnen. Mit fast allen Telecom-Aktien waren attraktive Gewinne zu erzielen. Kein Wunder, denn die Zuwachsraten sind beeindruckend, und das Wachstum der Branche dürfte auch in den kommenden Jahren anhalten. Ausgewählte Telecom-Aktien dürfen daher in keinem gut diversifizierten Depot fehlen. Konservative Anleger sollten dabei die großen Unternehmen aus Europa und Nordamerika bevorzugen. Für spekulative Anleger ist es reizvoll, Telecom-Werte aus den sogenannten Emerging Markets ins Depot zu nehmen. In diesen aufstrebenden Volkswirtschaften Asiens und Lateinamerikas ist das Telefonnetz – gemessen an der Zahl der Anschlüsse je 1000 Einwohner – oft noch sehr dünn, und entsprechend groß ist der Nachholbedarf. Telecom-Titel aus solchen Ländern dürften sich daher langfristig positiv entwickeln.

Computer

Die Computerbranche weist mit die höchsten Zuwachsraten aller Industriezweige auf. Das wird aller Voraussicht nach auch so bleiben, denn Computer spielen für Beruf und Privatleben eine immer größere Rolle. Trotz dieses positiven Langfristtrends kommt es allerdings in kaum einer anderen Branche so sehr auf das Stock Picking an, also auf die Auswahl der „richtigen" Aktie. Das war schon in der Vergangenheit so: Während früher sehr bedeutende Firmen wie Commodore, Wang oder Cray Research vom Kurszettel verschwanden und Apple und Unisys existenzbedrohende Krisen durchmachten, gab es bei Compaq und vor allem bei Dell enorme Kurssteigerungen. Noch eine Besonderheit: In kaum einer anderen Branche sind die wichtigsten Unternehmen so sehr auf ein Land – nämlich die USA – konzentriert wie bei den Computerherstellern. Japaner und Europäer spielen auf dem Weltmarkt nur noch eine bescheidene Rolle. Vor der Kaufentscheidung sollte man einige wichtige Faktoren untersuchen. Wichtig ist zum Beispiel, ob das Unternehmen PCs, Großcomputer oder auch beides herstellt, denn die Zyklen verlaufen hier zum Teil recht unterschiedlich. Außerdem sollte man sich die Umsatz- und Gewinnzuwachsraten ansehen, und zwar sowohl die der Vergangenheit als auch die Schätzungen für die Zukunft. Eine Faustregel, die eigentlich allgemein, vor allem aber für Aktien aus High-Tech-Bereichen wie Computer, Software und Halbleiter gilt: Das aktuelle Kurs-Gewinn-Verhältnis sollte nicht wesentlich höher sein als das prognostizierte jährliche Gewinnwachstum der kommenden fünf Jahre. Sinnvollerweise sollte man sich in dieser Branche auch nicht auf eine einzige Aktie beschränken, sondern das Kapital auf mehrere Titel verteilen. Was den Kaufzeitpunkt betrifft, lässt sich hier nur schwer ein Ratschlag erteilen, denn dazu sind die Kursverläufe der einzelnen Aktien zu sehr von unternehmensspezifischen Faktoren abhängig und daher auch zu unterschiedlich.

Halbleiter

Mikrochips fehlen heute in kaum einem Elektrogerät. Man findet sie sogar in Telefonen, Waschmaschinen und Automobilen. Alles deutet darauf hin, dass der Siegeszug der Chips weitergehen wird, und daher gehören Aktien aus der Halbleiterbranche zu den interessantesten Titeln für spekulative Anleger. Spekulativ deshalb, weil sich in kaum einem anderen Industriezweig derart heftige Kursausschläge der Aktien beobachten lassen. Zehn Prozent Gewinn oder Verlust von einem Tag auf den anderen sind nichts Besonderes; viele Halbleiteraktien haben ihren Kurs schon innerhalb eines Jahres verdreifacht, um dann wieder auf das Ausgangsniveau zurückzufallen. Die Branche ist also nichts für Anleger mit schwachen Nerven, und auch wer Wert auf hohe Dividendenrenditen legt, sollte sich anderswo umsehen. Ähnlich wie bei den Computerherstellern muss man hier allerdings jedes Unternehmen separat betrachten. Chip ist nämlich nicht gleich Chip, und es ist ein bedeutender Unterschied, ob ein Unternehmen zum Beispiel Speichermedien oder CPUs für Computer herstellt (die CPU oder Central Processing Unit ist sozusagen das Herz eines Computers; der Mikroprozessor, der die Abläufe steuert). Weltmarktführer auf diesem Gebiet und zugleich größter Halbleiterproduzent ist das US-Unternehmen Intel. Die Intel-Aktie ist denn auch das Standardinvestment der Branche und hat die Anleger selten enttäuscht.

Software

Ohne Software läuft kein Computer, und daher gehört auch diese Branche zu den Industriezweigen mit den höchsten Zuwachsraten. Einige der aufsehenerregendsten Erfolgsgeschichten der vergangenen Jahre wurden im Software-Sektor geschrieben. Unternehmen wie Microsoft, Oracle oder Cisco Systems stiegen quasi aus dem Nichts zu Börsengiganten auf. Auch die deutsche SAP gehört in diese Kategorie. In keiner anderen Branche fielen die Kursgewinne der vergangenen Jahre höher aus, und diese Tendenz dürfte anhalten. Ausgewählte Software-Aktien gehören daher in jedes spekulativ ausgerichtete Depot. Titel aus dieser Branche spielen nicht nur an der amerikanischen NASDAQ, sondern auch am Neuen Markt in Deutschland eine wichtige Rolle. Vor allem bei kleinen Unternehmen mit kurzer Börsengeschichte ist es oft sehr schwierig zu beurteilen, ob sie sich im Umfeld der immer härter werdenden Konkurrenz behaupten können. Eine Sonderrolle nehmen die sogenannten Internet-Werte ein: Die Hersteller von Internet-Software und die Anbieter von Internet-Dienstleistungen sind 1999 so stark angestiegen, dass der Fundamentalanalyst Probleme damit hat, Argumente für die mittlerweile enorm hohe Bewertung zu finden.

Banken

Die Finanztitel spielen an allen Börsen dieser Welt eine wichtige Rolle. Vor allem gilt das für Deutschland, denn unter den DAX-30-Werten finden sich allein vier Banken. Vor der Fusion zwischen der Bayerischen Hypo und der Bayerischen Vereinsbank waren es sogar fünf. Bankaktien gelten als klassische Investments für konservative Anleger. Sie neigen nur in Ausnahmefällen zu starken Kursschwankungen, werfen meist überdurchschnittliche Dividendenrenditen ab, und zumindest die Großen der Branche haben ihre Aktionäre langfristig selten enttäuscht. Die Zinsentwicklung ist ohnehin einer der wichtigsten Einflussfaktoren auf das Börsengeschehen, aber für die Finanzbranche, die davon ja direkt betroffen ist, gilt dies in besonderem Maß. Wenn die Kapitalmarktrenditen steigen, sollte man daher Aktienengagements allgemein reduzieren, und von Bankaktien sollte man sich ganz verabschieden, wenn nicht wichtige unternehmensspezifische Faktoren für einen bestimmten Titel aus dieser Branche sprechen. Wenn sich Hochzinszeiten dagegen ihrem Ende zuneigen, ist der richtige Zeitpunkt gekommen, Bankwerte ins Depot zu nehmen. Es dauert dann zwar oft einige Zeit, bis die Branche so richtig auf Touren kommt, aber auf mittlere Sicht kann man in solchen Situationen schöne Gewinne erzielen.

Versicherungen

Die Aktien der Versicherungsunternehmen spielen an den meisten etablierten Weltbörsen eine bedeutende Rolle. Nach Kurs-Gewinn-Kriterien sind sie oft erheblich höher bewertet als Aktien aus anderen Branchen. Das hat vor allem zwei Gründe: Zum einen gibt es hier verhältnismäßig selten Verlustjahre oder sonstige böse Überraschungen, zum anderen besitzen viele Versicherungsunternehmen erhebliche Beteiligungen an anderen Gesellschaften. Musterbeispiel in Deutschland ist die Allianz, die große Pakete an verschiedenen deutschen Aktiengesellschaften hält. Aus diesem Grund weisen Versicherungstitel oft einen ganz erheblichen Substanzwert auf, der noch dadurch gesteigert wird, dass die Unternehmen über umfangreichen, schon vor Jahrzehnten erworbenen Immobilienbesitz verfügen. Die Kursverläufe zeichnen sich durch eher unterdurchschnittliche Volatilität aus; die Branche gehört nicht zu den zyklischen Wirtschaftszweigen. Nicht zuletzt aus diesem Grund sind Versicherungsaktien – auch die Titel der großen Rückversicherer – vor allem für konservative Langfristanleger interessant. In den vergangenen Jahren hat sich die Tendenz zum Allfinanzkonzern etabliert, so dass in einigen Ländern Unternehmen entstanden sind, die Versicherungen ebenso wie klassische Bankdienstleistungen anbieten.

Nahrungsmittel und Getränke

Hier handelt es sich um klassische Nichtzykliker, denn die Nachfrage nach Nahrungsmitteln ist wenig konjunkturabhängig. Es gibt in diesem Bereich einige global operierende Konzerne, aber auch eine Vielzahl von Regionalwerten, was vor allem für die Brauereien gilt. Deutsche Brauereititel weisen meist sehr hohe KGVs auf, was ähnliche Gründe hat wie bei den Versicherungstiteln. Oft ist der Bierverkauf bei solchen Unternehmen für die Aktionäre weit weniger interessant als der Grundbesitz. Nahrungsmittelmultis wie Nestlé (Schweiz), Danone (Frankreich) oder Coca-Cola (USA) eignen sich vor allem für konservative Langfristanleger. Auch die niederländisch-britische Unilever ist hier zu nennen. Bei Unilever spielt allerdings neben der Lebensmittelsparte auch der Bereich Haushaltsartikel (Waschmittel, Kosmetik) eine bedeutende Rolle.

Körperpflege und Kosmetik

Aus dieser Branche kommen einige der Lieblingsaktien solcher Investoren, die auf langfristiges und stabiles

Gewinnwachstum setzen. Namen wie L'Oréal (Frankreich), Shiseido (Japan), Beiersdorf und Wella (beide Deutschland), Procter & Gamble, Gillette, Colgate-Palmolive und Avon Products (alle USA) haben bei konservativen Langfristanlegern in aller Welt einen guten Klang. In der Tat haben die allermeisten der genannten Unternehmen ihren Aktionären in den vergangenen 20 Jahren fast nur Freude bereitet. Ab dem Sommer 1998 sind Vorzeigetitel wie Gillette aber ein wenig ins Schlingern geraten. Das lag sicherlich zum Teil daran, dass ihre nach KGV-Kriterien sehr hohe Bewertung durch das erwartete Gewinnwachstum der kommenden Jahre nicht mehr zu rechtfertigen war. Inzwischen (Herbst 1999) haben diese Aktien allerdings ein realistischeres Kursniveau erreicht und eignen sich wieder für Käufe. Spekulative Anleger, die auf schnelle Gewinne aus sind, sollten sich allerdings anderswo umsehen, denn die genannten Aktien neigen nicht zu heftigen Kursausschlägen.

Stahl

Die Stahlkocher gelten als die Zykliker schlechthin: Kaum eine andere Branche hat im Langfristvergleich so ausgeprägte Hochs und Tiefs verzeichnet. Im Prinzip gilt das noch immer, doch man muss einige Einschränkungen machen. In Deutschland, früher führend in der Metallurgie, gibt es kaum noch reine Stahlunternehmen. Mannesmann ist zum Dienstleistungskonzern geworden, Hoesch, Krupp und Thyssen sind inzwischen zu einem einzigen Unternehmen verschmolzen, das sich zudem längst auch noch andere Standbeine als die Stahlproduktion zugelegt hat. Zudem hat die um sich greifende Internationalisierung die Zyklen der Stahlbranche ein wenig geglättet. Importe und Exporte spielen heute eine bedeutendere Rolle als früher, und für Produzenten aus Hochlohnländern ist die Einfuhr von Billigstahl aus Asien ein ernsthaftes Problem. Hinzu kommt, dass die gesamtwirtschaftliche Bedeutung der Stahlbranche in allen Industrieländern heute wesentlich niedriger ist als vor einigen Jahrzehnten. Dennoch kann es interessant sein, Stahlaktien in konjunkturellen Schwächephasen zu kaufen. Mit ein wenig Geduld ist es für nervenstarke Anleger noch immer möglich, auf diese Weise langfristig attraktive Gewinne einzufahren.

Soweit die Aufzählung der wohl wichtigsten Branchen an den internationalen Börsen. Für alle gilt, dass bestimmte Wirtschaftszweige und ihre Aktien periodisch wiederkehrenden Einflüssen unterliegen, die alle Titel der Branche mehr oder weniger stark betreffen. In anderen Branchen lässt sich keine so ausgeprägte Konjunkturabhängigkeit feststellen. Titel aus diesen Bereichen weisen daher geringere Gewinn- und Umsatzschwankungen von Jahr zu Jahr auf. Es gibt zahlreiche solcher Aktien, die schon seit Jahrzehnten mit kontinuerlich wachsenden Umsätzen, Gewinnen und Dividendenausschüttungen glänzen. Das macht sie vor allem für konservative Langfristanleger reizvoll, die Wert auf attraktive Renditen legen und heftige Kurssprünge verabscheuen.

Spekulative Investoren sollten sich dagegen eher in den zyklischen Branchen umsehen und bevorzugt dann kaufen, wenn ein Wirtschaftszweig gerade in einem konjunkturellen Tief steckt. Allerdings sollte dieses Tief nicht so ausgeprägt sein, dass es für die Unternehmen zu einer existenzbedrohenden Krise werden könnte. Den optimalen Einstiegszeitpunkt erwischt man natürlich nie, aber es reicht schon, ungefähr richtig zu liegen, wenn man bei der Aktienauswahl die nötige Sorgfalt walten lässt. Dann sind mit den Zyklikern weit höhere und schnellere Gewinne möglich als mit ausgesprochenen Wachstumswerten aus Branchen wie Kosmetik oder Nahrungsmittel.

Diese Faktoren beeinflussen den Aktienkurs

Die relative Attraktivität von Aktien hängt für Anleger von mehreren Faktoren ab:

- *Wie teuer sind Aktien im Vergleich zu anderen Investments?*
- *Wie hoch ist ihre Rendite im Vergleich zu anderen Investments?*
- *Wie ist die Chance-Risiko-Relation im Vergleich zu anderen Investments?*

Die Antworten auf diese Fragen variieren mit dem Zeitpunkt der Fragestellung. Immer aber wird die Aktie mit anderen Anlagemöglichkeiten verglichen. Wer Geld zu investieren hat, muss schließlich nicht unbedingt Aktien kaufen. Er kann sein Kapital auch in Immobilien oder in Anleihen stecken – und er wird das auch tun, wenn er sich von Aktien nicht eine überlegene Gesamtrendite verspricht. In manchen Phasen stehen die Chancen gut, dass Aktien besser als andere Investments abschneiden werden. Es gibt allerdings auch Zeiten, in denen höchste Vorsicht geboten ist. Dann sollte sich auch der überzeugteste Aktienfan vorsichtshalber mit dem spröden Charme einer vierprozentigen Anleihenrendite anfreunden, denn in solchen Situationen ist Sicherheit Trumpf. Sehen wir uns die wichtigsten Einflussfaktoren auf das allgemeine Börsenklima an.

Die Zinsen

Kaum ein anderer Faktor wirkt sich auf die allgemeine Situation an den Aktienmärkten so stark aus wie die Zinsentwicklung. Man kann es so ausdrücken: Neben den Unternehmensgewinnen üben die Kapitalmarktzinsen den wichtigsten und stärksten Einfluss auf die Aktienkurse aus. Das hat drei Gründe. Zum ersten kann man den aktuellen Kurs einer Aktie als Summe der abdiskontierten künftigen Gewinne interpretieren. Zum jeweils gegebenen Zeitpunkt sind somit alle Gewinne der Zukunft desto mehr wert, je niedriger das allgemeine Zinsniveau liegt. Wenn man über den Gewinn des kommenden Jahres schon jetzt verfügen möchte, muss man ja ein Darlehen in der entsprechenden Höhe aufnehmen, das verzinst und in einem Jahr mit dem dann erzielten Gewinn getilgt werden muss. Entfällt auf eine Aktie zum Beispiel ein für das kommende Jahr erwarteter Gewinn von zehn Euro, und der Zinssatz für einjährige Darlehen liegt bei zehn Prozent, dann ist dieser Gewinn heute abzüglich Zinsaufwand nur neun Euro wert.

Liegt der Zinssatz aber bei fünf Prozent, so steigt der Wert des künftigen Gewinns auf 9,50 Euro. Für den Gegenwartswert von Gewinnen weiter in der Zukunft liegender Jahre wirkt sich dieser Einfluss noch stärker aus, weil man sie ja mit den Zinsen für mehrere Jahre abdiskontieren muss. Das vorherrschende Zinsniveau beeinflusst also ganz unmittelbar den Wert von Aktien.

Zudem sind festverzinsliche Anleihen an den Wertpapiermärkten dieser Welt die härtesten Konkurrenten von Aktien. Wenn man mit quasi risikolosen Staatsanleihen zehn Prozent Rendite erzielen kann, dann werden sich viele Investoren gut überlegen, ob sie ihr Kapital dennoch den Risiken des Aktienmarkts aussetzen wollen. Sind mit Anleihen dagegen nur magere Renditen zu erzielen, dann steigt die

Attraktivität von Aktienengagements. Hier spielt natürlich auch die Inflationsentwicklung eine Rolle. Um die Realverzinsung von Anleihen zu berechnen, muss man von der Bruttorendite die Inflationsrate abziehen.

Der dritte Grund für den starken Einfluss der Zinsentwicklung auf den Aktienmarkt ist darin zu suchen, dass Unternehmen ständig Kapitalbedarf haben, wenn sie investieren und wachsen wollen. Kapitalgesellschaften wie AGs können sich die nötigen Mittel zwar auch durch die Ausgabe neuer Aktien im Rahmen einer ordentlichen Kapitalerhöhung besorgen, aber für die Deckung des laufenden Kapitalbedarfs ist diese Maßnahme weder vorgesehen noch geeignet.

Im Allgemeinen kann man also durchaus festhalten: Niedrige oder fallende Zinsen werden von den Aktionären lieber gesehen als hohe oder steigende. Allerdings handelt es sich hier nicht um eine einfache Je-niedriger-desto-besser-Beziehung; einige Einschränkungen sind zu machen.

Wenn sich ein Land allmählich aus einer tiefgreifenden Wirtschaftskrise befreit, dann kann es zu einer Phase gleichzeitig steigender Aktienkurse und Anleihenrenditen kommen. Der Grund ist in erster Linie darin zu suchen, dass zuvor beide auf ein extrem niedriges, nicht dauerhaft haltbares Niveau gesunken sind. Ein anschauliches Beispiel ist die Entwicklung in Japan 1998 und 1999. Außerdem können andere Einflüsse die Auswirkungen der Kapitalmarktrenditen auf die Aktienbörse zeitweise kompensieren oder sogar völlig überdecken. Dabei kann es sich um politische Ereignisse wie die deutsche Wiedervereinigung oder auch um rasant steigende Unternehmensgewinne handeln. Zudem spielt natürlich die Erwartung der Anleger eine sehr wichtige, wenn auch statistisch nur schwer in den Griff zu bekommende Rolle. Wenn die Investoren mit deutlichen Veränderungen der Zinslandschaft und/oder der Unternehmensgewinne rechnen, dann bleibt dies nicht ohne Einfluss auf die Aktien- und Rentenmärkte. Trotz dieser Einschränkungen: Im Allgemeinen und vor allem langfristig ist der Zinseinfluss auf die Aktienmärkte nicht zu übersehen.

Die sogenannten **Leitzinsen**, also Diskont- und Lombardsatz, sind die wichtigsten Instrumente, die die Zentralbank zur Regulierung der Geld und Kreditversorgung der Volkswirtschaft zur Verfügung hat. Sehen wir uns die beiden Zinssätze einmal ein wenig näher an.

Der **Diskontsatz** ist derjenige Zinssatz, den die Zentralbank den Geschäftsbanken beim Ankauf von Wechseln berechnet. Damit dient er natürlich als Grundlage für Zinsen, die Banken ihrerseits den Kunden für Wechselkredite in Rechnung stellen. Der Diskontsatz gibt somit quasi den Takt für die allgemeine Zinsentwicklung vor.

Der **Lombardsatz** bezeichnet den Zinssatz, zu dem die Zentralbank den Geschäftsbanken gegen Verpfändung von Wertpapieren Kredite gewährt. Ebenso wie der Diskontsatz wird er meist in mehreren Einzelschritten nach oben oder unten verändert. Die beiden Leitzinssätze bewegen sich parallel. Oft werden sie gleichzeitig verändert, was man als recht deutliches Anzeichen einer Bewegung interpretieren darf, die von Dauer sein könnte. Manchmal belässt die Zentralbank allerdings auch den einen Leitzins unverändert und erhöht oder senkt lediglich den anderen. In jedem Fall aber greift sie dadurch in die Geld- und Kreditversorgung der Volkswirtschaft ein – was ja schließlich auch zu ihren wichtigsten Aufgaben gehört. Eine weitere Hauptfunktion der Zentralbanken ist die Wahrung der Geldwertstabilität, also die Vermeidung inflationärer oder deflationärer Entwicklungen.

Zur Wahrung der Geldwertstabilität ist es für Zentralbanken unerlässlich, die Entwicklung der Geldmenge zu beobachten und zu steuern. Man unterscheidet dabei drei verschiedene Geldmengenbegriffe:

- *Geldmenge M1: Sie bezeichnet das Volumen des umlaufenden Geldes und umfasst den Bargeldumlauf (ohne Kassenbestände der Banken) sowie die Sichteinlagen inländischer Nichtbanken.*
- *Geldmenge M2: M1 plus Termingelder inländischer Nichtbanken mit Laufzeiten von weniger als vier Jahren.*
- *Geldmenge M3: M2 plus Spareinlagen inländischer Nichtbanken mit gesetzlicher Kündigungsfrist.*

M3 als umfassendster Geldmengenbegriff wird dabei am meisten beachtet. Die Zentralbanken definieren einen bestimmten Korridor für die Entwicklung der Geldmenge, indem sie für einen bestimmten Zeitraum – in der Regel für ein Jahr – eine obere und eine untere Begrenzungsmarke für das Geldmengenwachstum festsetzen.

Wenn die tatsächliche Entwicklung den Zielkorridor nach oben durchbricht, besteht Inflationsgefahr. Eine ausufernde Geldmenge kann bei gleichbleibendem Güterangebot zu steigenden Preisen führen. In diesem Fall wird die Zentralbank den Geldhahn ein wenig zudrehen, indem sie zum Beispiel die Leitzinsen erhöht. Bleibt die Geldmengenentwicklung hingegen unter dem Zielkorridor, dann besteht die entgegengesetzte Gefahr: Es könnte zu deflationären Entwicklungen kommen, weil die Geldversorgung zu knapp ausfällt. Die Zentralbank wird in diesem Fall eine Lockerung der Zinspolitik erwägen, eventuell die Leitzinsen senken.

Daraus folgt, dass es einen sehr starken Zusammenhang zwischen Geldmengen- und Zinsentwicklung gibt. Da die Zinsen wiederum einen ganz erheblichen Einfluss auf die Aktienmärkte ausüben, sollten Börsianer der Geldmengenentwicklung und den diesbezüglichen Vorgaben der Zentralbanken große Aufmerksamkeit widmen.

Eine Nebenwirkung steigender Zinsen ist, dass sich natürlich auch Wertpapierkredite verteuern. Viele Anleger spekulieren auf Kredit, indem sie ein Darlehen aufnehmen das mit den gekauften Wertpapieren besichert ist. Wer so vorgeht, erhält bei steigenden Zinsen gleich von zwei Seiten Druck: Zum ersten wird sein Zinsaufwand höher, und zum zweiten besteht die Gefahr, dass die auf Kredit erworbenen Papiere an Wert verlieren. Sinkt der Depotwert unter die Beleihungsgrenze, die bei Aktien meist etwa 50 oder 60 Prozent der Kreditsumme beträgt, dann kann die Bank eine Erhöhung der Sicherheitsleistung fordern. Der Anleger muss also zumindest teilweise verkaufen, was wiederum das Angebot erhöht und auf die Kurse drückt. Unser Anleger ist ja nicht allein: Tausende andere haben die zuvor niedrigen Zinsen genutzt und Wertpapiere auf Kredit erworben, die sie nun abstoßen müssen. So kann eine Abwärtsspirale entstehen, wodurch das Kursniveau an den Börsen erheblich in Mitleidenschaft gezogen wird.

Da die Zinsen einen so massiven Einfluss auf die Aktienmärkte aus-üben, wäre es natürlich von Vorteil, die Entwicklung einigermaßen sicher prognostizieren zu können. Im Prinzip sollte das auch möglich sein, so möchte man meinen, doch die Praxis spricht eine andere Sprache. Manche Fachmagazine befragen regelmäßig angesehene Zinsexperten, zum Beispiel die Chefvolkswirte der deutschen Banken, welche Zinsentwicklung sie für das kommende Jahr erwarten. Leider liegen Sie nur zu oft gründlich falsch.

Wie schon erwähnt: Die weitverbreitete Erwartung sinkender Zinsen bedeutet nicht, dass sie auch tatsächlich sinken werden. Eher im Gegenteil, denn in solchen Situationen kommt es am Rentenmarkt mitunter zu extremen Renditestrukturen, die sich später selbst dann als unhaltbar erweisen, wenn die Erwartung im Prinzip richtig war. Gerade in solchen Extremlagen hat es sich schon oft als richtig erwiesen, exakt das Gegenteil dessen zu tun, was die Mehrheit der

Anleger für richtig hält. Eine gute Übersicht über die aktuelle Zinserwartung am Kapitalmarkt ermöglicht der Vergleich von Dreimonatsgeldern und den Renditen zehnjähriger Anleihen.

Man sieht also deutlich, dass die Erwartungen der Anleger in den mit verschiedenen Anlagezeiträumen verbundenen Renditen deutlichen Ausdruck finden – und dass die Investoren bei weitem nicht immer Recht behalten. Zu groß sind die Unwägbarkeiten. Also bietet es sich durchaus an, lieber gegen die Mehrheit als mit ihr zu agieren. Wenn man die exogenen Einflüsse auf den Aktienmarkt untersucht, dann stellt man sehr schnell fest, dass Zins- und Konjunkturfaktoren eigentlich nicht voneinander zu trennen sind, weil sie sich gegenseitig beeinflussen. Es läuft eher auf die Entscheidung für einen Schwerpunkt der Untersuchung als auf ein Entweder/Oder hinaus. Wechseln wir also nun diesen Schwerpunkt und sehen wir uns die Auswirkungen der Konjunkturentwicklung auf die Aktienmärkte an.

Konjunktur- und Währungsentwicklung

Wir haben schon kurz über Zinspolitik und Geldmengenwachstum gesprochen, dabei aber zunächst die Frage ausgeklammert, wodurch Geldmengenentwicklung und Kreditnachfrage hauptsächlich beeinflusst werden. Abgesehen von allen anderen ökonomischen und psychologischen Aspekten ist Geld zunächst einmal ein Zahlungsmittel, also ein allgemein akzeptiertes Tauschmittel im Warenverkehr. Das klingt selbstverständlicher als es ist. Bis zur Erfindung des Papiergelds hing der Tauschwert des Geldes, also der entsprechenden Münzen, von ihrem Metallwert ab.

Zinsen wiederum sind nichts anderes als der Preis für Geld

oder, genauer gesagt, die Leihgebühr für die zeitweise Verfügungsgewalt über Geld, das später wieder zurückgezahlt werden muss. Wie jeder andere Preis hängt auch der Zins von Angebot und Nachfrage ab. Die Nachfrage nach Geld oder besser: nach Krediten ist nicht konstant. Einen Kredit aufnehmen und Zinsen dafür bezahlen wird nur, wer sich davon einen Nutzen verspricht, der den Aufwand übersteigt. Wenn die Wirtschaft eines Landes eine längere Flaute durchlebt, dann sinkt die Kreditnachfrage. Potenzielle Investoren finden nur schwer lukrative Anlagemöglichkeiten. Zumindest aber erscheint die Chance-Risiko-Relation kreditfinanzierter Investitionen in einer solchen Situation alles andere als vielversprechend.

Dagegen steigt die Geldnachfrage, wenn die wirtschaftliche Leistung wächst, die in der Regel anhand der Entwicklung des Bruttoinlandsprodukts (BIP) gemessen wird. Das wiederum führt tendenziell zu steigenden Zinsen.

Die Konjunkturentwicklung wirkt sich also unmittelbar auf die Zinslandschaft aus. Darüber hinaus beeinflusst sie natürlich auch auf andere Weise den Aktienmarkt. Eine anziehende Konjunktur bedeutet schließlich wachsende Umsätze und – eventuell mit gewisser zeitlicher Verzögerung – auch steigende Gewinne der Unternehmen.

Aus den genannten Gründen sehen die Börsianer ein besonders starkes Anziehen der Wirtschaftsleistung mit durchaus gemischten Gefühlen:

- *Die Unternehmen verzeichnen Gewinn- und Umsatzwachstum. Das sollte im Prinzip zu einer freundlichen Börsentendenz und zu steigenden Aktienkursen führen.*
- *Ein unerwartet kräftiges konjunkturelles Wachstum führt unweigerlich zu erhöhter Kreditnachfrage und zu steigenden Zinsen. Das wiederum wirkt sich in aller Regel negativ auf den Aktienmarkt aus.*

Zurück zur Konjunkturentwicklung. Sie beeinflusst nicht nur die Situation an den Aktienmärkten, sondern die gesamte Wirtschaft. Entsprechend akribisch wird sie verfolgt. Alle überregionalen Tageszeitungen veröffentlichen regelmäßig Konjunkturprognosen. Während das statistische Bundesamt lediglich rückwirkend über die Veränderung des Bruttoinlandsprodukts informiert, gibt es auch eine ganze Reihe anderer Informationsquellen. Besonders interessant sind die sogenannten Frühindikatoren. Wie ihr Name schon sagt, geben sie Aufschluss über wahrscheinliche Konjunkturentwicklungen der Zukunft, noch bevor sie sich in Umsätzen und Gewinnen der Unternehmen niederschlagen. Zu den wichtigsten konjunkturellen Frühindikatoren gehören:

- *Auftragseingänge im verarbeitenden Gewerbe*
- *Auftragseingänge im Bauhauptgewerbe*
- *IFO-Geschäftsklimaindex*
- *Einzelshandelsumsätze*
- *OECD-Frühindikator*

Neben der konjunkturellen Entwicklung spielt auch der Währungsaspekt eine wichtige Rolle für die Aktienbörsen, insbesondere für die exportlastigen Branchen. Im Prinzip gilt hier der Zusammenhang: Starke Wirtschaft – starke Währung. Wenn die konjunkturelle Entwicklung in einem Land besonders stabil und robust verläuft und kräftige Steigerungen der gesamtwirtschaftlichen Leistung zu verzeichnen sind, dann steigt die Nachfrage nach der betreffenden Währung. Zwei andere wichtige Aspekte sind hier zu nennen: Zum einen sind da die Anleihenzinsen. Wenn auf eine Fremdwährung lautende festverzinsliche Wertpapiere attraktive Renditen abwerfen, dann werden sich auch ausländische Anleger verstärkt engagieren. Der andere Aspekt ist die Geldwertstabilität: Die schönste Anleihenrendite nützt nichts, wenn die Inflationsrate in dem betreffenden Land hoch ist. Daher sollten Anleger die Realrendite beachten, also die Anleihenrendite nach Abzug der Inflationsrate. Nun wäre es natürlich sehr schön, alle drei positiven Einflussfaktoren vereint zu finden:

– *starkes Wirtschaftswachstum*
– *hohe Anleihenrenditen*
– *niedrige Inflationsraten*

So etwas gibt es selten. Es kann für Anleger jedoch durchaus attraktiv sein, in auf Fremdwährungen lautende Wertpapiere zu investieren. Zum Beispiel haben japanische Anleger jahrelang den amerikanischen Bondmarkt quasi aufgekauft – und damit das Wirtschaftswachstum in den USA zum großen Teil finanziert –, weil die amerikanischen Renditen weitaus attraktiver waren als die japanischen. Eine starke Währung ist sozusagen die Belohnung für eine gesunde Wirtschaftsentwicklung. Diese Belohnung wird jedoch nicht immer gern gesehen. Vor der Einführung der gemeinsamen europäischen Währung hatte die deutsche Wirtschaft ihre Probleme mit der Stärke der D-Mark im Vergleich zu fast allen Fremdwährungen. Vor allem die Konkurrenzfähigkeit deutscher Exporteure litt darunter, dass Mitanbieter aus Schwachwährungsländern deutlich günstigere Preise kalkulieren konnten. Eine Schwäche der eigenen Währung kann dagegen für Exportunternehmen ein wahrer Segen sein. Das lässt sich an einem einfachen Beispiel veranschaulichen: Ein deutsches Unternehmen verkauft an einen amerikanischen Großhändler Maschinen im Auftragsvolumen von 10 Millionen Dollar. Der Wechselkurs des Dollar steht zum Zeitpunkt des Vertragsabschlusses bei 1,50 Mark. Da bis zu Lieferung und Bezahlung einige Monate vergehen, kann in der Zwischenzeit einiges geschehen. Nehmen wir an, der Dollar legt an Wert zu und steht zum Zeitpunkt der Bezahlung bei 1,80 Mark. Das Auftragsvolumen in Mark beträgt nun statt 15 plötzlich 18 Millionen. Drei Millionen an zusätzlichen Erlösen hat das Unternehmen allein der Wechselkursentwicklung zu verdanken.

Sinkt der Dollar in unserem Beispiel aber auf 1,30 Mark, dann hat der deutsche Exporteur ein Problem. Er erlöst statt 15 nur 13 Millionen Mark. Wenn der Auftrag knapp kalkuliert war, steht unter dem Strich wahrscheinlich ein erheblicher Verlust. So etwas kann einen Exporteur in den Ruin treiben. Kein Wunder also, dass sich exportabhängige Unternehmen an den Devisenterminmärkten gegen solche bösen Überraschungen absichern müssen.

Der Einfluss der Politik

„Politische Börsen haben kurze Beine" – so lautet eine alte Börsenweisheit. Damit ist gemeint, dass die Anleger auf politische Ereignisse wie zum Beispiel einen Regierungswechsel oft sehr heftig reagieren, sich aber meist schon nach kurzer Zeit wieder auf die fundamentalen Rahmendaten besinnen. Diese verändern sich durch einen überraschenden Wahlausgang meist gar nicht so dramatisch wie befürchtet. Daher beruhigt sich das Börsengeschehen schnell wieder, und die Investoren gehen zur Tagesordnung über. Also „Business as usual" nach einer kurzen Phase der Turbulenzen.

Dennoch sollte man politische Einflüsse auf die Börse nicht unterschätzen. Zumindest dann nicht, wenn sie von Dauer sind oder regelmäßig wiederkehren.

In demokratischen Staaten – also zum Glück in allen Ländern mit seit langem etablierten Wertpapiermärkten – sollte man zum Beispiel dem Zyklus der Legislaturperioden

Beachtung schenken. Was die Wähler oft nur ahnen, lässt sich statistisch nachweisen: Im ersten Jahr nach einer gewonnenen Wahl macht sich oft Enttäuschung über die neue Regierung breit, weil sie den Bürgern all die Grausamkeiten und unpopulären Maßnahmen zumutet, ja zumuten muss, von denen im Wahlkampf allenfalls am Rande die Rede war. Die jeweils ersten Jahre einer Legislaturperiode sind daher oft keine besonders guten Börsenjahre – vor allem nicht nach einem Regierungswechsel. Dagegen sind die Vorwahljahre dadurch gekennzeichnet, dass die amtierende Regierung ein Füllhorn an Wohltaten über die Bürger ausschüttet, um sich gute Chancen für die Wiederwahl zu sichern. Der Einfluss dieser Maßnahmen auf die Börse ist nicht zu unterschätzen. Es handelt sich dabei zweifellos um einen der bedeutendsten exogenen Einflussfaktoren auf die Aktienkurse.

Ein weiteres Beispiel für die erwähnten Zusammenhänge war nach dem Regierungswechsel in Deutschland 1998 zu beobachten. Eine rot-grüne Bundesregierung war so ziemlich das Letzte, was sich die Manager der großen Energieversorgungskonzerne gewünscht hatten. Schließlich war und ist der Abschied von der Kernenergie eines der wichtigsten politischen Ziele der Grünen. Folglich waren Aktien wie Veba, Viag oder RWE nach dem Regierungswechsel zunächst wenig gefragt. Es stellte sich jedoch bald heraus, dass es für die neue Regierung gar nicht so einfach sein würde, die Energiekonzerne zu irgend etwas zu zwingen, was diese nicht wollten. Schließlich gab es Verträge, Betriebsgenehmigungen für viele Jahre, Arbeitsplätze standen auf dem Spiel, und außerdem waren sich die Koalitionäre selbst nicht einig, was sie denn nun eigentlich durchsetzen wollten. Wieder war zu beobachten, dass die Vorwegnahme einer schlechten Nachricht an der Börse oft gute Kurschancen eröffnet, wenn es dann doch nicht so schlimm kommt wie befürchtet.

Es gibt Branchen, deren Wohlergehen in den vergangenen Jahren mehr von politischen Entscheidungen abhängig war als von irgend etwas anderem. Vor allem ist hier die Goldbranche zu nennen. Die Nachfrage nach Gold überstieg seit einiger Zeit recht deutlich die jährliche Weltproduktion, und nach den Gesetzen des Marktes hätte das eigentlich zu einem kräftigen Preisanstieg führen müssen. Allerdings darf man in dieser Branche Neuproduktion und Marktangebot nicht verwechseln. Die Notenbanken dieser Welt horten gewaltige Goldbestände. In vielen Ländern entschied man sich nun dazu, diese Vorräte abzubauen und Gold zu verkaufen. Eine rein politische Entscheidung also, die sich massiv auf das Verhältnis von Angebot und Nachfrage auswirkte.

Wie wir gesehen haben, müssen die verschiedenen politischen Einflüsse auf die Börse getrennt betrachtet werden. Einige lassen sich mit großer Sicherheit prognostizieren und können somit in eine langfristig ausgerichtete Anlagestrategie einbezogen werden. In erster Linie gilt dies für den Einfluss der Legislaturperioden. Andere kann man nur ahnen, aber nicht vorhersagen. Von geplanten Goldverkäufen der Notenbanken erfährt man in der Regel erst aus der Presse. Wieder andere lassen sich zwar prognostizieren, aber ihre längerfristigen Auswirkungen hängen von so vielen Unwägbarkeiten ab, dass sie unter strategischen Gesichtspunkten kaum verwertbar sind. Hierzu zählen Einflüsse auf bestimmte Branchen durch politische Maßnahmen, vor allem nach einem Regierungswechsel.

Überhaupt muss man sich von der Wunschvorstellung verabschieden, alle in diesem Kapitel genannten Einflussfaktoren auf ein bestimmtes Aktienengagement in den Griff zu bekommen. Wie wir gesehen haben, spielen neben dem Unternehmen selbst und seiner Branchenzugehörigkeit auch einige Dinge eine Rolle, die auf den ersten Blick nichts mit dem Schicksal einer bestimmten Aktie zu tun haben. Man muss Währungsschwankungen, Zinsentwicklungen und den Konjunkturverlauf mit einkalkulieren, von den Unwägbarkeiten politischer Einflüsse ganz zu schweigen.

Es ist also kein leichtes Unterfangen, sich für die richtige Aktie aus der richtigen Branche und dem richtigen Land zu entscheiden. Immerhin reicht es für den Börsenerfolg, einigermaßen richtig zu liegen. Perfektion ist nicht zu erreichen und eigentlich auch gar nicht gefragt. Man kann an der Börse mit einem gewissen Quantum an Irrtümern, Fehlschlägen und Flops leben, wenn man deren Auswirkungen von vorneherein begrenzt. Die Umsetzung der Wertpapieranalyse in sinnvolle, langfristig erfolgreiche Anlagestrategien ist Thema des folgenden Abschnitts.

Welche Strategie wählt man

Grundsätzliche Überlegungen

Wenn man die Bücher erfolgreicher Investoren liest oder mit erfahrenen Börsianern spricht, stellt man immer wieder fest, dass es nicht einen, sondern sehr viele Wege zum Börsenerfolg gibt. Manche Anleger kaufen grundsätzlich nur Aktien, die sie nach bestimmten fundamentalen Kriterien für unterbewertet halten. Andere verlassen sich auf Chartsignale. Wieder andere konzentrieren sich auf die Titel der Marktführer aus Wachstumsbranchen oder auf die jeweils dividendenstärksten Aktien aus wichtigen Indizes wie dem DAX oder dem Dow Jones. Auch hinsichtlich des Investitionszeitraums gibt es große Unterschiede: Manche stellen jedes Jahr ein neues Depot zusammen, andere halten jeden einzelnen Titel, bis ein bestimmtes Kursziel erreicht oder ein Stopp-Kurs unterschritten ist. Für alle diese Vorgehensweisen gibt es gute Argumente, und die Verfechter der einzelnen Strategien haben oft große Erfolge vorzuweisen. So verschieden die Vorgehensweisen auch sein mögen, alle oder zumindest fast alle erfolgreichen Investoren betonen zwei Aspekte:

1. *Der Anleger muss eine Strategie anwenden, die nachweislich überdurchschnittliche Erfolge bringt und die zu seiner Persönlichkeitsstruktur passt.*
2. *Er muss diszipliniert genug sein, dieser Strategie treu zu*

bleiben, auch wenn er zwischenzeitlich Misserfolge und Verluste erleidet.

Mit anderen Worten: Man darf sich nicht verzetteln, immer wieder einmal etwas Neues ausprobieren oder auf zu vielen Hochzeiten tanzen. Die meisten wirklich bewährten Strategien funktionieren nur langfristig. Es kann geschehen, dass man ein, zwei magere Jahre überstehen muss, bis der Erfolg kommt. Es kann sogar sein, dass ein erfahrener Börsianer für eine Weile schlechter abschneidet als sein Nachbar, der zum ersten Mal in seinem Leben Aktien kauft und gleich einen Glückstreffer landet. Das gehört zum Spiel, und wer der Strategie treu bleibt, die er als richtig und zu ihm passend erkannt hat, wird auf die Dauer zu den Gewinnern gehören.

In der Literatur und in Fachzeitschriften wird oft zwischen Investition und Spekulation unterschieden. Die erstgenannte Vorgehensweise zeichnet sich durch bestimmte Merkmale aus:

- *Es werden nur erstklassige, als konservativ geltende Aktien gekauft.*
- *Der Anlagezeitraum ist in der Regel recht lang. Der Investor setzt nicht auf kurzfristige Entwicklungen, sondern auf eine attraktive Gesamtrendite nach mehreren Jahren.*
- *Es kommen vorwiegend Aktien aus konjunkturresistenten Branchen in Frage, die sich durch relativ geringe Volatilität (Kursbeweglichkeit) auszeichnen.*
- *Im Vordergrund steht die Absicht, mit einem bereits vorhandenen Vermögen eine möglichst attraktive und zudem sichere Rendite zu erwirtschaften.*

Unter Spekulation versteht man dagegen meist etwas ganz anderes. Spekulation ist ein riskanteres und in den Augen vieler Mitmenschen auch deutlich unseriöseres Unterfangen als Investition. Nicht umsonst hat das Wort „Spekulant" im deutschen Sprachgebrauch einen äußerst negativen Klang.

Das ist nicht in allen Ländern so. Und im Prinzip ist der schlechte Ruf des Spekulanten auch nicht gerechtfertigt, denn letztlich ist jede Geldanlage eine Spekulation.

Mag es auch den einen oder anderen Unterschied zwischen Investition und Spekulation geben, so weisen sie doch eine sehr wichtige Gemeinsamkeit auf: Beide sind zielgerichtete Aktionen, also Strategien, denen eine Idee und eine Prognose künftiger Börsenentwicklungen zugrundeliegen. Das unterscheidet Investoren und Spekulanten von den Spielern und Zockern, deren es an den Börsen dieser Welt ebenfalls eine ganze Menge gibt. Ihren Engagements liegt kein durchdachter Plan zugrunde, schon gar keine sinnvolle Strategie. Daher ist es auch kein Wunder, dass viele Investoren und Spekulanten an der Börse reich geworden sind. Bei Spielern sind solche Entwicklungen dagegen die Ausnahme. Daher der Rat: Investieren Sie, spekulieren Sie, aber zocken Sie an der Börse nicht planlos herum. Im Folgenden finden Sie eine Anzahl bewährter und durchdachter Börsenstrategien. Suchen Sie sich eine aus, die besonders gut zu ihrer Persönlichkeit und zu ihren Anlagezielen passt. Sie können auch besonders einleuchtende Aspekte verschiedener Strategien miteinander kombinieren und sich so eine ganz individuelle Vorgehensweise konstruieren. Wichtig ist nur, dass hinter allem, was Sie an der Börse unternehmen, eine Idee und ein Ziel stehen.

Die Kaufen-und-Halten-Strategie

Manchmal scheint das Leben richtig ungerecht: Der eine Anleger hört täglich mehrmals die Börsennachrichten, hat einige Aktien-Newsletter und Fachzeitschriften abonniert und schichtet sein Depot beinahe wöchentlich um. Seine langfristige Performance ist dennoch bescheiden, denn oft verkauft er zu früh, kauft die falschen Papiere, und in seinem Portefeuille halten sich Tops und Flops die Waage. Außerdem zehren wegen der häufigen Neudispositionen hohe Gebühren an seinem Anlageerfolg.

Ein anderer Anleger hat vor zehn Jahren eine Auswahl deutscher Standardwerte gekauft und sich seither nicht mehr groß um sein Depot gekümmert. Er besitzt die Papiere noch immer, und inklusive der inzwischen angesammelten Dividendenerträge verzeichnet er einen Wertzuwachs von 300 Prozent. Allzu ausgeprägter Aktionismus ist dem Börsenerfolg in der Tat meist abträglich. Wer gute Papiere kauft und ganz einfach nicht mehr hergibt, erzielt oft wesentlich höhere Gewinne.

Kaufen und Halten (Buy and Hold, wie die Amerikaner sagen) ist wohl die simpelste aller Aktienstrategien, aber nicht die dümmste. Viele sehr erfolgreiche Investoren sind exakt so vorgegangen und haben im Lauf von Jahren und Jahrzehnten ein Vermögen gewonnen. Erfolgversprechend ist eine solche Vorgehensweise allerdings vor allem dann, wenn man ausschließlich absolute Blue Chips von internationalem Ansehen ins Depot nimmt, und wenn man – das soll hier nicht verschwiegen werden – ein wenig Glück hat. Wer sich nicht besonders stark um seine Aktien kümmert und sie einfach im Depot behält, ist allerdings vor einem großen Unheil geschützt: Vor seiner eigenen Dummheit oder, ein wenig netter ausgedrückt, vor der Gefahr, sich von der Panik anderer Anleger anstecken zu lassen und seine Aktien ausgerechnet dann zu verkaufen, wenn es an der Börse kräftig nach unten geht.

Es gibt nur wenige Investoren, die Geduld, Nerven und Geld genug haben, um die Buy-and-Hold-Strategie in guten wie in schlechten Zeiten durchzuhalten. Die allermeisten Börsianer versuchen, besser abzuschneiden als der Gesamtmarkt. Sie wollen durch richtiges Timing, also Kauf und Verkauf zu einem jeweils besonders günstigen Zeitpunkt, eine überdurchschnittliche Rendite erzielen. In der Tat haben die meisten Aktienstrategien mit Timing zu tun, und in der technischen Analyse gehört dieser Aspekt zu den allerwichtigsten.

Es gibt allerdings recht wenige Belege dafür, dass Timing sich wirklich auszahlt. Meist kann man erst in der Rückschau beurteilen, wann die optimalen Zeitpunkte für Kauf und Verkauf gewesen wären. Wer sie wenigstens einigermaßen trifft, wird natürlich weit überdurchschnittlich abschneiden. Schon der Versuch des Market Timing impliziert allerdings die Gefahr, dass ein Anleger die falschen Entscheidungen trifft und jeweils zu eher ungünstigen Zeitpunkten kauft oder verkauft. In diesem Fall wäre es natürlich weit besser gewesen, eine Buy-and-Hold-Strategie zu fahren, aber im Nachhinein ist man eben immer klüger.

Averaging-Strategien

Die nun folgende Vorgehensweise lässt sich nicht nur auf in einem bestimmten Index vertretene Aktien anwenden. Der Anlagezeitraum ist nicht von Anfang an festgelegt. Der Anleger muss also häufiger Entscheidungen treffen und versuchen, dabei so rational wie möglich vorzugehen.

Die Averaging-Strategie hat ihren Namen vom englischen

Wort für Durchschnitt. Sie läuft, verkürzt ausgedrückt, darauf hinaus, durch mehrere Käufe einer bestimmten Aktie in einem unbestimmten Zeitraum einen möglichst günstigen durchschnittlichen Einstandskurs zu erzielen. Zumindest sollte er so günstig sein, dass er eines Tages sehr deutlich unter dem dann aktuellen Kurswert der betreffenden Aktie liegt.

Der Grundgedanke dieser Strategie entspricht also mehr oder weniger dem des Aktienfonds-Sparens. Man geht davon aus, dass Aktien die langfristig rentierlichste Geldanlage sein werden. Vorübergehende Kurseinbrüche sind daher nicht nur verkraftbar, sie bieten sogar einen Vorteil: Wer bei der Stange bleibt, kann zu niedrigen Kursen kaufen und drückt so quasi automatisch seinen durchschnittlichen Einstandspreis nach unten. Man kann diese Strategie natürlich nicht nur mit Aktien durchführen, sondern auch mit Indexzertifikaten. Das bietet den Vorteil einer wesentlich breiteren Risikostreuung, denn die prozentualen Schwankungen eines Index fallen weniger heftig aus als die von Einzelaktien.

Die Averaging-Strategie existiert in zwei Spielarten: Averaging nach Stückzahlen und Averaging nach Anlagebeträgen. Zum Beispiel kann ein Anleger sich vornehmen, künftig jeden Monat fünf Stück von seiner Lieblingsaktie zu erwerben, er kann aber auch regelmäßig einen bestimmten Betrag, zum Beispiel 100 Euro, in diesen Titel investieren. Bei der zuletzt genannten Variante gibt es allerdings ein Problem, das in jedem Einzelfall eine Entscheidung erfordert: Der geplante Anlagebetrag lässt sich nur selten glatt durch den aktuellen Kurswert teilen. In unserem Beispiel hätte der Investor kein Problem, wenn die Aktie zehn oder 20 Euro kostet. Dann könnte er zehn beziehungsweise fünf Titel erwerben. Kostet das Papier allerdings acht, 15 oder 30 Euro, muss die Anlagesumme auf- oder abgerundet werden.

Dieses Problem entfällt, wenn in jedem Monat eine ganz

bestimmte Stückzahl unabhängig vom dann aktuellen Kurswert gekauft wird. Das Averaging mit einem bestimmten Anlagebetrag bietet allerdings einen weit gewichtigeren Vorteil: Das Ziel der Strategie, nämlich die Erzielung eines attraktiven durchschnittlichen Einstandskurses, wird so schneller erreicht. Je niedriger der Kurswert der Aktie sinkt, desto mehr Stücke erhält unser Investor für seine 100 Euro.

Arbeiten mit Stufen- oder Treppenlimits

Die nun folgende Vorgehensweise zeigt gewisse Ähnlichkeiten mit der Averaging-Strategie. Auch hier lautet die Grundannahme, dass es vorteilhaft sein kann, Aktienkäufe über einen gewissen Zeitraum zu verteilen, statt gleich voll einzusteigen.

Der Unterschied zur Averaging-Strategie: Beim Arbeiten mit Treppenlimits sind nicht die Kaufzeitpunkte vorbestimmt, sondern die Stückzahl und der Kapitaleinsatz. Außerdem eignen sich Treppenlimits besser als das Averaging, wenn man sich für eher spekulative Aktien interessiert. Wir werden gleich sehen, warum das so ist.

Nehmen wir an, ein Investor möchte insgesamt 100 Stück von einer Aktie erwerben, weil er die langfristigen Aussichten sehr positiv einschätzt. Der Titel kostet derzeit 200 Euro. Daher wären 20 000 Euro für die 100 Stück aufzuwenden. Ein stolzer Betrag, den der Anleger im Moment vielleicht nicht erübrigen kann. Eventuell ist er aber auch nur skeptisch, was die kurzfristige Entwicklung betrifft. Es handelt sich um die Aktie eines relativ jungen Unternehmens.

Unser Investor muss also damit rechnen, dass seine Lieblingsaktie weit überdurchschnittliche Kursausschläge zeigen wird. Vielleicht ist der gegenwärtige Kurs von 200 Euro ein Zwischenhoch, und er könnte den Titel in einigen Monaten weit günstiger erwerben. Das würde dafür sprechen, den Kauf noch ein wenig zu verschieben. Allerdings könnte die Aktie auch schon morgen zu einem Höhenflug ansetzen.

Die naheliegende Lösung für dieses Dilemma: Der Anleger entscheidet sich für eine Art Kompromiss. Er kauft zum aktuellen Kurs nur einen Teil der gewünschten 100 Aktien, sagen wir 10 Stück. Die restlichen 90 Stück will er erst dann erwerben, wenn der Titel einen deutlichen Kursrückgang hinter sich hat.

Nun kommt es auf die tatsächliche Kursentwicklung an. Betrachten wir die beiden Extremszenarien:

Szenario A: Der Kurs steigt unmittelbar nach dem ersten Kauf stark an und fällt nicht mehr unter das Einstandsniveau zurück.

In diesem Fall erübrigt sich die weitere Verfolgung des Stufenplans. Da der Kurs nicht fällt, werden keine weiteren Stücke mehr erworben. Der Anleger kann sich nun zwar darüber ärgern, nicht gleich mehr Aktien gekauft zu haben, aber wenigstens verbucht er mit den Titeln, die er hat, einen ordentlichen Kursgewinn.

Szenario B: Es kommt wie geplant. Im Rahmen einer allgemeinen Baisse werden vor allem die Aktien der jungen Unternehmen nach unten geprügelt. Selbst das Niveau von 125 Euro wird erreicht.

Der Anleger muss nun Nerven und Durchhaltevermögen bewahren. Sein Plan sieht folgendermaßen aus: Kauf von weiteren 20 Aktien bei 175 Euro, von 30 Aktien bei 150 Euro und von 40 Aktien bei 125 Euro.

Das Positive: Er hat 5000 Euro weniger ausgeben müssen als ihn der Erwerb des ganzen Aktienpostens zum ursprünglichen Kurs von 200 Euro gekostet hätte.

Das Negative: Der aktuelle Kurs liegt bei 125 Euro. Der

Anleger verzeichnet daher zunächst einen Buchwertverlust von 15 000 – 12 500 = 2500 Euro.

Nun kommt es natürlich darauf an, wie sich die Aktie weiterentwickelt. Wenn die ursprüngliche Einschätzung des Anlegers stimmt, wird der Kurs langfristig deutlich steigen. Dann hätte es sich in der Tat ausgezahlt, die vorübergehende Baisse zum Kauf zu nutzen. Ganz anders sieht es natürlich aus, wenn die Aktie weiter fällt. Dann muss sich der Anleger gut überlegen, wie er vorgehen soll. Er kann weitere Stücke zukaufen, wenn er bei seiner langfristig optimistischen Einschätzung bleibt. Er kann aber auch zu dem Schluss kommen, sich getäuscht zu haben. Dann sollte er trotz Verlust verkaufen. In diesem Fall muss er natürlich finanzielle Einbußen hinnehmen, die allerdings deutlich geringer ausfallen, als wenn er alle 100 Aktien zum ursprünglichen Kurs von 200 Euro gekauft hätte. Wenigstens ein kleiner Trost.

Vielleicht erweist sich der Optimismus unseres Investors aber auch als berechtigt: Die Aktie erholt sich wieder und tendiert zügig nach oben. Nun kommt der Vorteil des niedrigen Durchschnittskurses natürlich voll zum Tragen.

Prozyklische Vorgehensweisen

Aktienkurse verlaufen nicht geradlinig, sondern sie bewegen sich in Zyklen. Das gilt insbesondere für den Gesamtmarkt und auch für die einzelnen Branchen. Einzelaktien zeigen oft eine weit weniger ausgeprägte Zyklik. Es gibt jedenfalls eine Vielzahl von Titeln, die seit langem einen mehr oder weniger ausgeprägten Trend aufweisen. Das liegt daran, dass für Kurse von Einzelaktien neben gesamtwirtschaftlichen und branchenspezifischen Faktoren vor allem solche Einflüsse maßgebend sind, die vom Unternehmen selbst und seiner Entwicklung ausgehen. Diese drei Einflussbereiche können einander verstärken, sie können einander aber auch zuwiderlaufen. Zum Beispiel kann sich der Aktienkurs eines sehr erfolgreichen Unternehmens auch in einer Phase der allgemeinen Branchen- oder Börsenschwäche gut behaupten, weil viele Anleger nachgebende Kurse sofort zu Käufen nutzen.

Im Prinzip gibt es drei Zyklen, die man an der Börse beachten muss:

– *den Konjunkturzyklus*
– *den Zinszyklus*
– *den Aktienzyklus.*

Der Konjunkturzyklus beschreibt die Entwicklung der gesamtwirtschaftlichen Situation, insbesondere des Bruttosozialprodukts. Diese Entwicklung wirkt sich unter anderem auf die Zinslandschaft aus. In Zeiten boomender Konjunktur steigt die Kreditnachfrage. Zudem sind qualifizierte Arbeitskräfte Mangelware, was die Löhne in die Höhe treibt. Mit den Löhnen steigen die Preise, und alle diese Faktoren führen dazu, dass die Kapitalmarktzinsen anziehen. Dies wiederum wirkt sich auf die Börsen aus. Im Umlauf befindliche Anleihen erleiden Kursverluste, weil neu emittierte festverzinsliche Wertpapiere eine attraktivere Verzinsung bieten als die alten. Hierdurch wiederum werden die Aktienkurse stark in Mitleidenschaft gezogen: Wenn die Verzinsung von Anleihen steigt, werden Aktienengagements weniger attraktiv. Auch die Konjunktur leidet an dem hohen Zinsniveau. Schließlich sind die Aktien auf ein relativ niedriges Niveau gesunken. Die Konjunktur lahmt ebenfalls, und infolgedessen ist die Kreditnachfrage auf dem Tiefpunkt.

In einer solchen Situation dreht die Notenbank meist via Leitzinssenkungen den Geldhahn weit auf, was das allgemeine Zinsniveau noch weiter absenkt. Das billige Geld tut nun seine Wirkung: Aktien werden langsam wieder interessant, und auch die Wirtschaft kommt allmählich wieder in Schwung.

Zugegeben, diese Darstellung ist arg verkürzt, aber in etwa so hat man sich das Zusammenwirken der drei genannten Zyklen vorzustellen. Dabei kommt dem Börsen- oder Aktienzyklus eine Vorläuferfunktion im Vergleich zum Konjunkturzyklus zu. Die Aktien steigen schon, wenn die Wirtschaft noch am Boden liegt. Der Zinszyklus wiederum folgt dem Konjunkturzyklus mit einer gewissen Zeitverzögerung.

Dieser Verlauf lässt sich immer wieder beobachten. Allerdings lässt sich nicht vorhersagen, wie lange die einzelnen Zyklen anhalten werden. Schon aus der Tatsache, dass es an der Börse zyklische Verläufe gibt, lassen sich jedoch bestimmte Verhaltensmaßregeln und Anlagestrategien ableiten.

Strategien, die sich an Zyklen orientieren, lassen sich in zwei Gruppen einteilen:

- prozyklische Vorgehensweisen
- antizyklische Strategien

Der Unterschied besteht darin, dass prozyklische Anleger versuchen, einen bereits deutlich etablierten Trend zu nutzen. Sie kaufen in erster Linie solche Papiere, die bereits recht deutlich angestiegen sind. Weit deutlicher sogar als der Durchschnitt, denn in diesem Fall haben die Aktien quasi bewiesen, dass eine Neubewertung im Gang ist, die noch zu weit höheren Kursen führen könnte.

Prozyklische Strategien sind die Domäne der technischen Analyse. Zumindest insofern, als die Auswahl der zu kaufenden Papiere in allererster Linie nach technischen Kriterien vorzunehmen ist. Kennzahlen wie Kurs-Gewinn-Verhältnis oder Dividendenrendite interessieren in diesem Zusammenhang weniger. Hier geht es vielmehr darum, welche Aktien durch ihren Kursverlauf in jüngster Zeit bewiesen haben, dass sie „nach oben wollen“.

Ein weiteres technisches Kaufsignal ist gegeben, wenn eine zuvor recht massiv wirkende Widerstandszone durchbrochen wurde. Auch die Überwindung des bisherigen historischen Höchststands ist ein sehr positives Zeichen. Die Aktie dringt dann quasi in Neuland vor – „uncharted territory“, wie die Techniker es nennen.

All diesen Kriterien ist gemeinsam, dass der Trend nach oben schon eine ganze Weile besteht. Der Prozykliker kauft also nicht, um dann auf das Eintreten einer Tendenz zu warten, sondern er wartet allenfalls mit dem Kauf, bis die Tendenz sich verstärkt.

Diese Vorgehensweise hat einige Vorteile. Nicht umsonst sagt man an der Börse: „The trend is your friend“. Allerdings muss der prozyklisch agierende Anleger damit leben, dass er erst dann einsteigt, wenn der Kurs auf dem Weg nach oben schon ein beträchtliches Stück zurückgelegt hat. Er kauft also recht teuer ein, und zudem wächst mit steigenden Kursen auch die Rückschlagsgefahr. Solange der Aufwärtstrend anhält, kann der Prozykliker mit diesen Nachteilen allerdings hervorragend leben.

Zur Strategie wird die prozyklische Vorgehensweise allerdings erst, wenn man sie systematisch anwendet. Zum Beispiel kann man sich folgenden Plan zurechtlegen: Gekauft werden nur Aktien, die in puncto Relative Stärke zu den besten zehn Prozent des jeweiligen Index zählen. Fallen sie zurück und gehören nicht mehr zu den besten 25 Prozent, wird sofort verkauft. Oder man beschränkt sich auf solche Titel, deren Kurse eine ansteigende 200-Tage-Linie nach oben durchbrochen haben. Man kann auch verschiedene technische Kriterien kombinieren und so die Auswahl weiter verschärfen. Im Prinzip ist vieles möglich und sinnvoll – nur eines nicht:

Man darf nicht die eine Aktie kaufen, weil sie ein technisches Kaufsignal generiert hat, eine andere, weil das KGV so niedrig ist und eine dritte, weil das Unternehmen ein neues Produkt auf den Markt gebracht hat, über das man in den Zeitungen Vielversprechendes lesen kann. Hinter einer solchen Vorgehensweise steckt keinerlei Systematik. Nach einer Weile weiß der Anleger vielleicht selbst nicht mehr, warum er die Aktie eigentlich gekauft hat, die da wie ein toter Hund in seinem Depot liegt und Kapital bindet.

Hinter jeder Strategie steckt ein System von Regeln. An diese Regeln sollte sich der Anleger auch halten, wenn er wirklich Erfolg haben will. Das gilt insbesondere für die Vorgehensweise, die wir uns nun ein wenig näher ansehen wollen.

Die antizyklische Strategie

Ganz im Gegensatz zu Autos oder Anzügen kauft man Aktien mit dem Ziel, sie später zu einem höheren Preis wieder zu veräußern. Ein weiteres Argument dafür, zu möglichst niedrigen Kursen einzusteigen, denn schließlich lautet eine der ältesten Börsenweisheiten „Der Gewinn liegt im billigen Einkauf". Das klingt zwar logisch, aber die meisten Anleger haben Probleme damit und kaufen lieber dann, wenn alle kaufen und die Kurse entsprechend hoch sind. Das hat mehr mit Psychologie und gruppendynamischen Prozessen als mit rationalem Anlegerverhalten zu tun. Wir haben das in einem früheren Kapitel ja schon besprochen.

Erst wenn die Kurse auf ein relativ hohes Niveau gestiegen sind, halten es viele Investoren für relativ sicher, Aktien zu kaufen. Sie lassen sich von der Mehrheitsmeinung leiten, und gerade in Haussezeiten fehlt es ja auch nicht an optimistischen Zukunftsprognosen wirklicher oder selbsternannter Aktienexperten. Bei realistischer Betrachtung sind die Chancen auf weitere Kursgewinne allerdings desto geringer, und das Rückschlagsrisiko ist desto größer, je höher die Titel schon gestiegen sind.

Es heißt an der Börse zwar: „The trend is your friend“, aber wenn eine Aufwärtsbewegung Überhitzungserscheinungen zeigt, kann der Trend schon kurz vor dem Ende angelangt sein. Es spricht also viel dafür, eine antizyklische Strategie zu wählen und sozusagen das Gegenteil dessen zu tun, was die Mehrheit der Anleger tut. Die Vorgehensweise des Antizyklikers unterscheidet sich allerdings nur bei der Wahl des Zeitpunkts von Kauf und Verkauf von der Mehrheit. Er versucht krass unterbewertete Aktien zu finden, bevor sie an der Börse „entdeckt“ werden. Dann hält er sie lange genug, um den folgenden Aufwärtstrend möglichst voll auszunutzen.

Diese Erholung kommt früher oder später mit Sicherheit, wenn der Anleger seine wichtigste Aufgabe erfüllt hat: Er muss Aktien aufstöbern, die – aus welchen Gründen auch immer – an der Börse zu unrecht ein Mauerblümchendasein führen. Das heißt: Er muss solche Titel vor allem von möglichen Pleitekandidaten unterscheiden können, die mit vollem Recht an der Börse fallengelassen worden sind wie heiße Kartoffeln.

Das ist das Schwierige an der Sache: Nicht jede Aktie, die 60 Prozent ihres Kurswerts verloren hat, wird dadurch zu einem Sonderangebot. Vielleicht sinkt sie noch weiter und verschwindet eines Tages ganz vom Kurszettel, weil das Unternehmen Konkurs anmelden muss. Der zeitliche Aspekt ist ebenfalls sehr wichtig. Die antizyklische Strategie ist nichts für Börsianer, die auf schnelle Gewinne aus sind. Die Kurserholung folgt zwar mit Sicherheit, wenn man die richtigen Aktien auswählt, aber es kann lange dauern, bis die Mehrheit der Anleger den wahren Wert dieser Titel entdeckt. Und das muss sie, wenn die Strategie aufgehen soll.

Die wenigen echten Antizykliker unter den Börsianern haben nicht das nötige Geld, um Aktienkurse wirklich in die Höhe zu treiben. Dazu ist es erforderlich, dass die Masse der Investoren ihre Meinung ändert und das kauft, was der Antizykliker schon Monate oder vielleicht sogar ein Jahr zuvor gekauft hat. Erwähnenswert ist auch, dass diese Strategie einen echten Vorteil für Kleinanleger bietet. Institutionelle Großinvestoren wie zum Beispiel Investmentfonds können sie kaum anwenden. Fondsmanager stehen unter ständigem Performancedruck und können es sich gar nicht leisten, zwei, drei Jahre lang zu warten, bis ihre Investments die erhofften Gewinne abwerfen. Großanleger steigen daher in der Regel erst ein, wenn ein Trend an Fahrt gewonnen hat. Ihre Käufe treiben dann die Kurse der Aktien nach oben, die der Antizykliker längst im Depot hat.

Wie aber unterscheidet man vielversprechende Titel von Depotleichen? Schließlich braucht man feste, quantifizierbare Kriterien für die Aktienauswahl. In den USA gibt es reichlich Fachliteratur zum Thema, deren Argumente teilweise auch durch umfangreiche wissenschaftliche Studien untermauert werden. Zwar setzen die einzelnen Autoren unterschiedliche Schwerpunkte, aber letztlich läuft es auf einige ganz wesentliche Punkte hinaus:

Die Aktie muss gegenüber dem Jahreshöchstkurs erheblich an Wert verloren haben (mindestens 40 bis 50 Prozent).

Das Kurs-Gewinn-Verhältnis sollte möglichst niedrig sein (Anhaltspunkt: nicht höher als 12).

Das Kurs-Cash-Flow-Verhältnis sollte ebenfalls niedrig sein (nicht höher als 10).

Das Kurs Buchwert-Verhältnis sollte nicht über 1,0 liegen (abgemilderte Version: nicht höher als 1,2).

Das Verhältnis zwischen Aktienkurs und anteiligem Jahresumsatz je Aktie (KUV) sollte nicht höher sein als 1,0.

Ein berechtigter Einwand ist, dass es kaum Aktien gibt, die alle genannten Kriterien erfüllen. Das ist aber auch gar nicht nötig, denn in der Regel genügt es schon, wenn die erste und mindestens zwei der anderen Voraussetzungen gegeben sind. Ein wichtiger und meist zu wenig beachteter Punkt ist das Kurs-Umsatz-Verhältnis. Die meisten Anleger betrachten fast ausschließlich die Gewinnsituation eines Unternehmens und verabschieden sich von Aktien, die sinkende Profite aufweisen. Gerade bei Unternehmen aus konjunktursensitiven Branchen kommt es aber in mehr oder weniger regelmäßigen Abständen zu Gewinneinbrüchen. Solange der Umsatz einigermaßen stabil bleibt, ist das kein Beinbruch. Schließlich ist Umsatz die Voraussetzung für Gewinn, und der nächste Konjunkturaufschwung kommt bestimmt. Die Börsengeschichte ist voll von Beispielen.

Unbedingt erforderlich ist hier die Risikokontrolle durch Stop-Kurse und/oder Depotdiversifikation. Beachten sollte man jedenfalls, dass die antizyklische Strategie – im Gegensatz zu den meisten anderen Vorgehensweisen an der Börse – ein Mehrfaktorenmodell ist. Eine Aktie muss eine Vielzahl von Kriterien erfüllen, um für den antizyklischen Investor überhaupt in Frage zu kommen.

Das engt die Auswahl ein, was aber kein Manko ist. An den Börsen dieser Welt gibt es zu jedem beliebigen Zeitpunkt mehr antizyklische Chancen, als ein einzelner Anleger überhaupt registrieren, geschweige denn nutzen kann.

Strategien mit Wachtumswerten

Es spricht im Prinzip nichts dagegen, einen Teil seines Depots in Aktien kleiner, sehr vielversprechender Unternehmen zu investieren. Es ist allerdings alles andere als leicht, eine gute Auswahl zu treffen. Das hat mehrere Ursachen:

- *Die Unternehmen kommen oft aus Branchen, deren Zukunftsaussichten sehr unsicher sind.*
- *Sie haben oft nur ein einziges Produkt oder eine einzige Dienstleistung anzubieten. Aufkommende Konkurrenz oder die technologische Entwicklung können das Unternehmen daher vom Markt fegen.*
- *Die Unternehmen haben nur eine kurze Vorgeschichte. Oft handelt es sich um Neuemissionen. Daher ist eine technische Analyse der Aktien nicht sehr ergiebig.*
- *Die fundamentalen Kennzahlen bringen den Anleger auch nicht wesentlich weiter. Die Unternehmen arbeiten meist noch in der Verlustzone, und der Buchwert ist zu vernachlässigen.*
- *Die Wachstumsprognosen sind oft überaus vollmundig, aber ob sie sich bewahrheiten werden, steht in den Sternen.*
- *Da es viele Anleger gibt, die nach einer zweiten SAP oder Microsoft fahnden, sind die Aktien wirklich vielversprechender junger Unternehmen sehr begehrt und entsprechend teuer.*
- *Um die Chancen des Unternehmens wirklich beurteilen zu können, muss man in der Regel Spezialkenntnisse über Nischenbereiche der Computer-, Software- oder Biotech-Branche mitbringen. Die wenigsten Anleger erfüllen diese Voraussetzung. Sie müssen sich daher auf Fremdmeinungen verlassen, die zutreffen können oder auch nicht.*

Man könnte noch mehr Aspekte aufzählen, die eine sinnvolle Auswahl erschweren. Doch allein aus den oben angeführten Argumenten dürfte schon deutlich werden, dass man hier niemals alles auf eine Karte setzen darf. Zu groß sind die Unsicherheiten, zu gering die Wahrscheinlichkeit, ausgerechnet mit einer ganz bestimmten Aktie den großen Treffer zu landen.

Es gibt institutionelle Anleger, die sich darauf spezialisiert haben, in Aktien vielversprechender junger Unternehmen zu investieren. Sie streuen ihr Anlagekapital sehr breit, und einzelne Depotpositionen nehmen zumindest zum Zeitpunkt des Kaufs oft nicht einmal ein Prozent des Gesamtportefeuillevolumens ein. Ein Privatanleger kann mangels Masse zwar nicht genauso vorgehen, aber das Prinzip sollte er beherzigen: Der Depotanteil, der in Aktien junger Unternehmen investiert werden soll, muss breit gestreut werden. Wer 20 solche Titel im Depot hat, besitzt bessere Chancen, einen Volltreffer zu landen, als jemand, der sein Kapital nur auf zwei Titel verteilt.

Profis, die auf diese Weise vorgehen, kalkulieren von Anfang an mit ein, dass sich ein Großteil der gekauften Aktien als Nieten erweisen wird. Das dort investierte Kapital ist möglicherweise verloren. Kein Problem, wenn sich auch zwei oder drei Aktien im Depot befinden, die zu Kursraketen werden. Der Gewinn mit diesen Titeln gleicht die Verluste der anderen locker aus. Wenn der Plan aufgeht, erweisen sich auch noch einige der anderen Titel zumindest als lohnende, wenn auch nicht unbedingt spektakuläre Investitionen. Wenn von 20 Aktien nur zwei zu Kursraketen werden, müssen sich ja nicht alle 18 anderen als absolute Flops erweisen. Die Fahndung nach einer zweiten Microsoft hat zwar durchaus etwas von einer Lotterie, aber sie ist doch nicht ganz damit zu vergleichen.

Wohlgemerkt: Es hat nichts, aber auch gar nichts mit

Strategie zu tun, dann und wann einem heißen Tipp nachzulaufen und zu hoffen, dass der Aktienkurs sich verhundertfachen wird. Zur Strategie wird die Investition in vielversprechende junge Unternehmen erst, wenn man die erheblichen damit verbundenen Verlustrisiken durch breite Depotdiversifikation in den Griff bekommt. Außerdem ist es erforderlich, sich einige feste Auswahlkriterien zurechzulegen. Zum Beispiel könnte sich ein Anleger vornehmen, nur solche Aktien ins Depot zu nehmen, auf die folgende Eigenschaften zutreffen:

– *Das Unternehmen muss einen positiven Cash Flow erwirtschaften.*
– *Das für die kommenden Jahre von angesehenen Branchenanalysten – nicht vom Unternehmen selbst! – prognostizierte Umsatzwachstum muss mindestens 50 Prozent betragen.*
– *Das Unternehmen muss ein Alleinstellungsmerkmal aufweisen. Das hergestellte Produkt darf nicht obsolet werden, wenn ein kapitalkräftigeres Unternehmen sich vornimmt, den betreffenden Markt zu erobern. Das Problem: Speziell auf dem Gebiet der Biotechnologie-Aktien kann diese Frage eigentlich nur beantworten, wer sehr viel von der Materie versteht. Hier spielen medizinische, pharmakologische, patentrechtliche und oft auch gesundheitspolitische Aspekte eine Rolle.*

Man kann natürlich auch noch andere Kriterien anlegen. Wichtig ist nur, dass man sich später auch strikt daran hält und keinerlei Ausnahmen zulässt. Von einem dreistelligen Kurs-Gewinn-Verhältnis muss man sich nicht unbedingt abschrecken lassen. Bei Unternehmen, die für solche Strategien in Frage kommen, ist es ja schon bemerkenswert, wenn sie überhaupt schwarze Zahlen schreiben. Sollten sie noch in der Verlustzone stecken, ist das auch kein Beinbruch. Es dauert nun einmal seine Zeit, bis ein Newcomer Gewinne macht.

Sehr wichtig ist allerdings, dass das Unternehmen in seiner kurzen Geschichte bisher alle Erwartungen erfüllt, besser noch: weit übertroffen hat. Exakt dieser Punkt nämlich zeichnet die Microsofts, Intels und SAPs dieser Welt aus.

So minimieren Sie Verlustrisiken

Verschiedene Arten von Risiko

Nachdem wir ausführlich Aktienstrategien erörtert haben, die seit langem bewährt sind, kann es nicht schaden, einen Blick auf die andere Seite der Medaille zu werfen. Jeder Aktionär freut sich über Kursgewinne, aber letzten Endes geht es in erster Linie darum, die unvermeidlichen Verluste in den Griff zu bekommen. Wer das schafft, hat den wichtigsten Schritt zum Erfolg schon getan. Wenn man seine Verluste auf ein Minimum begrenzt und ab und zu auch einmal eine gute Aktie erwischt, wird man unter dem Strich Gewinne machen.

In diesem Zusammenhang ist es sinnvoll, sich einmal alle Risiken zu vergegenwärtigen, die den gewünschten Anlageerfolg eines Aktienengagements bedrohen. Es ist nun überhaupt nicht mein Anliegen, Sie durch übertriebene Schwarzmalerei von Aktienkäufen abzuhalten, aber es hat auch keinen Sinn, die Risiken zu verschweigen.

1. Unternehmensspezifische Risiken

Vor dem Kauf einer bestimmten Aktie, sagen wir zum Kurswert von 50 Euro, haben Sie sich gründlich über Substanz, Ertrag und Wachstumspotential des betreffenden Unternehmens informiert. Sie haben diesen Titel aber nicht gekauft, weil er damals 50 Euro kostete, sondern weil Sie der Meinung waren, er sei eigentlich mehr wert und werde bald auf ein angemesseneres Niveau steigen. Zum Beispiel auf 80 Euro. Für eine solche Entwicklung ist es aber erforderlich, dass das Unternehmen eine sehr positive Entwicklung nimmt, denn sonst würde man an der Börse nicht plötzlich wesentlich mehr für die Aktie bezahlen.

Bleibt diese Entwicklung aus, dann kann die Aktie deutlich unter Ihren Einstandskurs sinken. Das kann viele unternehmensspezifische Ursachen haben: Eine enttäuschende Umsatz- und Gewinnentwicklung, wachsende Konkurrenz oder technologischen Fortschritt, der die Absatzchancen für die Produkte des Unternehmens schmälert. Im Prinzip kann jede enttäuschende Neuigkeit über das Unternehmen dazu führen, dass die Aktie an Kurswert verliert. Dieses Risiko ist desto höher, je stärker die Aktie zu Ihrem Kaufzeitpunkt im Zentrum des Anlegerinteresses stand. Die Börsengeschichte ist voll von Beispielen: Ungezählte Aktien sind schon innerhalb weniger Monate von Börsen-Darlings zu elenden Mauerblümchen geworden.

2. Branchenspezifische Risiken

Möglicherweise haben Sie bei der Aktienauswahl große Sorgfalt walten lassen und sind schließlich zu dem Schluss gekommen, die großen internationalen Ölkonzerne seien besonders attraktiv. Überdurchschnittliche Dividenden, vergleichsweise niedrige KGVs, und der Ölpreis sollte langfristig steigen, so Ihre Überlegung. Anfang 1998 hätte man exakt so argumentieren können – und dennoch wäre man an Sylvester mit einem dicken Minus ins neue Jahr gegangen. Die Ölpreise sanken nämlich auf ein ungewöhnlich tiefes Niveau, und die großen Öltitel verloren deutlich an

Kurswert. Es gibt negative Einflüsse, die nicht nur Einzelaktien, sondern eine ganze Branche betreffen. In solchen Fällen leiden die besseren Aktien aus dem betreffenden Wirtschaftszweig oft sogar noch stärker als die schlechteren. Der Grund: Internationale Großanleger trennen sich von der Branche, und zunächst werden dabei die Titel verkauft, mit denen man noch einen Gewinn realisieren kann.

3. Zinsrisiken

Ein Ansteigen des Renditeniveaus an den internationalen Kapitalmärkten übt meist einen äußerst negativen Einfluss auf die Aktienbörsen aus. Wenn Anleihen immer höhere Renditen abwerfen, steigen mehr und mehr Anleger von Aktien auf Festverzinsliche Wertpapiere um. An den Aktienmärkten wird also das Angebot größer, und die Nachfrage dürfte in einem solchen Umfeld sinken. Die Folge sind fallende Kurse, und zwar quer Beet. In solchen Situationen kümmert sich kaum noch jemand um die fundamentalen Kennzahlen von Einzelaktien, und auch die besten Titel haben größte Mühe, ihr Kursniveau zu halten.

4. Währungsrisiken

Wenn Sie ausländische Wertpapiere im Depot haben, die nicht aus dem Euro-Raum stammen, müssen Sie der Wechselkursentwicklung große Aufmerksamkeit schenken. Ein Kursverlust der Auslands- im Vergleich zur Heimatwährung kann Ihre Performance empfindlich beeinträchtigen.

5. Politische Risiken

Während eine für Aktienengagements negative Zins- oder Währungsentwicklung meist längere Zeit in Anspruch nimmt, kommen politische Einflüsse oft wie ein Blitz aus heiterem Himmel. Erfahrene Anleger werden sich noch an den Putsch gegen Gorbatschow und an den Einmarsch irakischer Truppen in Kuwait erinnern. Beide kamen völlig überraschend. Während in Russland der Spuk nach wenigen Tagen vorbei war, läutete die Kuwait-Krise eine monatelange Baisse an allen Weltmärkten ein.

Ein wichtiges und überraschendes Ereignis aus dem Bereich der Politik kann auch die sorgfältigste Analyse über Nacht zu Makulatur werden lassen. Und ein solches Ereignis kann jederzeit eintreten; man muss ständig damit rechnen, ohne auch nur zu ahnen, wann und aus welcher Richtung es kommen könnte. Der Rücktritt eines angesehenen Politikers, ein überraschendes Wahlergebnis oder gar ein Attentat auf einen wichtigen Staatsmann kann zumindest vorübergehend für einen Kurseinbruch sorgen.

Möglichkeiten der Risikobegrenzung

Es gibt aber auch relativ simple und zuverlässige Maßnahmen, die Risiken von Aktienengagements zu begrenzen. Hier existiert also kein objektives Problem. Der Anleger kann allerdings große persönliche Schwierigkeiten bei der Anwendung dieser Maßnahmen bekommen, denn sie setzen etwas voraus, was bei weitem nicht jeder Investor mitbringt: Die Bereitschaft, mit Verlust zu verkaufen. Im Prinzip kann man zwei Gruppen von Risikomanagement-Maßnahmen unterscheiden:

- *Maßnahmen zur Verlustbegrenzung bei Einzelengagements*
- *Maßnahmen zur Verlustbegrenzung des Gesamtportefeuilles*

Natürlich können beide Gruppen einander bestens ergänzen: Wer jede einzelne Depotposition gegen Verluste abgesichert hat, verfügt quasi automatisch auch über einen wirksamen Schutz für das Gesamtportefeuille. Den Begriff „Absicherung" darf man allerdings nicht ganz wörtlich nehmen. Man kann sich an der Börse nicht wirksam davor schützen, überhaupt Verluste zu erleiden. Man kann diese Verluste allerdings sehr wohl begrenzen.

Die beiden bekanntesten Maßnahmen im Rahmen des Risikomanagements sind Stop-Kurse und Einsatzbegrenzung. In der Fachliteratur liegt der Schwerpunkt der Aufmerksamkeit mal hier und mal da. Ich bin allerdings der folgenden Meinung: Risikomanagement ist wie erwähnt mit der Fähigkeit verbunden, notfalls Buchverluste zu realen Verlusten zu machen. Das ist ein sehr sensibler Bereich der Psyche eines jeden Anlegers, und daher kommt man mit sachlichen Argumenten nicht sehr weit. Manche Börsianer haben ganz einfach eine Abneigung gegen Stop-Kurse. Sie mögen diesen Automatismus nicht, denn bei Unterschreiten des Stop-Kurses wird der Verkauf ja sofort ausgelöst. Auch in einer solchen Situation wollen sie erst einmal prüfen, ob ein Verkauf nun tatsächlich die richtige Entscheidung wäre. Obwohl sie rational vollkommen einsehen, dass Stop-Kurse eine sehr sinnvolle Maßnahme sein können, machen sie in ihrer eigenen Börsenpraxis keinen Gebrauch davon. Sie arbeiten viel lieber mit einer vernünftigen Portefeuillediversifikation und mit der Begrenzung jeder einzelnen Position auf wenige Prozent des Gesamtdepotwerts.

Auch so lässt sich eine gute Risikoabsicherung erreichen:

Wenn sich eine Position als Flop erweist, bleibt der Einfluss auf den Depotwert recht gering. Unter der Voraussetzung natürlich, dass die Korrelation unter den einzelnen Depotwerten möglichst gering ist, denn sonst besteht die Gefahr, dass ein negativer Einfluss sich auf das gesamte Portefeuille auswirkt.

Der sinnvolle Einsatz von Stop-Kursen

Wohlgemerkt: Wir sprechen hier von Engagements am Aktienmarkt. Aktien haben gegenüber derivativen Finanzprodukten, etwa Optionsscheinen, einen großen Vorteil: Ihre „Lebensdauer" ist theoretisch unbeschränkt.

Daher kann man es sich durchaus leisten, auch größere Buchverluste einzelner Depotpositionen auszusitzen, wenn man mit einer Erholung rechnet und auch gerade keine bessere Idee hat, wie das Geld sinnvoller oder gewinnbringender einzusetzen wäre.

Beim Trading mit Optionen oder gar Futures muss man dagegen mit Stop-Kursen arbeiten. Alles andere wäre finanzieller Selbstmord. Wenn man mit einer Futures-Position in eine Schieflage gerät, hat man gar keine Zeit, die Situation eingehend zu prüfen. Wenn die Sache wirklich schiefgeht, kann man Stunden später auf Lebenszeit ruiniert sein.

Wer sich dazu entschließt, bei seinen Aktienengagements mit Stop-Kursen zu arbeiten, hat zwei Möglichkeiten:

- *Er kann den maximalen Verlust jeder einzelnen Depotposition auf den gleichen Prozentsatz begrenzen. Zum Beispiel auf zehn oder 15 Prozent.*
- *Er kann differenzieren, indem er je nach Volatiliät und charttechnischer Situation der einzelnen Papiere unterschiedliche Stop-Loss-Limits setzt.*

Um es gleich vorweg zu sagen: Die zweite Alternative ist die weitaus sinnvollere. Man kann an der Börse nicht alle Papiere über einen Kamm scheren. Eine Siemens, Allianz oder BASF weist nun einmal weitaus geringere Kursausschläge auf als ein kleiner Titel vom Neuen Markt. Bei letzterem wäre es daher ziemlich sinnlos, einen Stop-Kurs zehn Prozent unter dem Einstandsniveau zu setzen, denn der könnte schon am nächsten Tag unterschritten sein. Bei den drei genannten Standardwerten wäre eine solche Differenz zwischen Kauf- und Stop-Kurs dagegen durchaus diskutabel.

Meines Erachtens ist es die vernünftigste Vorgehensweise, für jede Depotposition einen individuellen Stop-Kurs festzulegen und dabei die möglichen Auswirkungen auf das Gesamtdepot im Auge zu behalten.

Risikomanagement durch Einsatzbeschränkung und Diversifikation

Die Alternative zu Stop-Kursen ist eine sinnvolle Diversifikation des Depots. Sinnvoll bedeutet in diesem Zusammenhang, dass man sein Kapital auf relativ viele Aktien verteilt, die wenig miteinander zu tun haben. Das heißt, dass sie aus verschiedenen Ländern und Branchen stammen sollten. So stellt man sicher, dass ein einzelner negativer Einfluss nicht das ganze Portefeuille in Mitleidenschaft ziehen kann.

Ein wirklich gut diversifiziertes Wertpapierdepot enthält übrigens nicht nur Aktien, sondern immer auch einen beträchtlichen Anteil festverzinslicher Wertpapiere, die natürlich von Emittenten bester Bonität stammen sollten. So lässt sich das Gesamtportefeuillerisiko weiter reduzieren, denn erstens unterliegen Anleihen größtenteils anderen Einflüssen als Aktien, und zweitens werden sie zurückgezahlt, wenn man sie bis zum Laufzeitende hält. Wer zu solcher Geduld entschlossen ist, braucht sich wegen zwischenzeitlicher Kursverluste seiner Anleihen keine Sorgen zu machen. Damit unterliegt ein mehr oder weniger großer Teil des Depots keinem Verlustrisiko, was das Gesamtrisiko automatisch schrumpfen lässt.

Betrachten wir aber dennoch den Fall eines reinen Aktien-Portefeuilles. Neben der bereits erwähnten Aufteilung des Anlagebetrags auf mehrere Werte ist noch ein zweiter Faktor von Bedeutung. Hier handelt es sich um die Korrelation als Gradmesser des Zusammenhangs zwischen den einzelnen Titeln. Statistisch betrachtet ist die Korrelation ein Maß für den Parallelitätsgrad von Zahlenreihen. In unserem Fall entsprechen diesen Zahlenreihen die Kursentwicklungen der verschiedenen Aktien im Depot.

Sinnvollerweise sollte man sicherstellen, dass die im Depot vertretenen Aktien untereinander möglichst wenig korreliert sind. Man kann das teilweise schon dadurch erreichen, dass man Titel aus verschiedenen Ländern und Branchen wählt, aber bei näherer Untersuchung stellt man oft eine überraschend hohe Korrelation zwischen Dividendentiteln fest, die auf den ersten Blick nicht viel miteinander zu tun haben.

Wichtig ist in diesem Zusammenhang auch, dass man einen einigermaßen langen Zeitraum betrachtet. Sechs Monate sollte das Minimum darstellen. Betrachtet man einen recht kurzen Zeitraum, der dazu noch von einer kräftigen Gesamtmarkttendenz geprägt war, erhält man einen verfälschten Messwert. Der Zusammenhang wird höher dargestellt als er im langfristigen Vergleich wirklich ist. Dieses Problem können Sie umgehen, indem Sie den Betrachtungszeitraum ausdehnen.

Nachdem Sie sich nun auf diese Weise ein Aktiendepot aus zwölf bis 20 Werten zusammengestellt haben, die untereinander gering korreliert sind, müsste es schon mit dem Teufel zugehen, wenn Ihr Depot durch irgendeinen Einzelfaktor hohe Verluste erleiden würde. Allenfalls ein allgemeiner Börsencrash könnte Ihnen dann noch gefährlich werden.

Natürlich ist es auch möglich, Stop-Kurse mit einzubeziehen. Einige Verfechter der antizyklischen Anlagestrategie weisen sogar ausdrücklich darauf hin, wie wir bereits gesehen haben. Die Kombination von Einsatzbeschränkung und Stop-Kursen sorgt für eine weitere Verminderung des Verlustpotentials. Ein einfaches Beispiel: Sie haben zehn Aktien im Depot, und bei jeder von ihnen haben sie einen Stop-Kurs gesetzt, der zwölf Prozent unter Ihrem Einstandsniveau liegt. In diesem Fall können Sie mit jedem Einzelengagement nur $0{,}1 \cdot 12 = 1{,}2$ Prozent des Gesamtdepotwerts verlieren – falls die betreffende Aktie nicht über Nacht weit unter den Stop fällt. Das aber kommt, wie bereits gesagt, sehr selten vor.

Erläuterung wichtiger Börsenbegriffe

AG
Aktiengesellschaft

Aktie
Anteilspapier, das wirtschaftliches Miteigentum an einer Aktiengesellschaft verbrieft. Die Höhe des Anteils am Grundkapital und somit am bilanziellen Gesamtvermögen der AG wird durch den Nennwert festgelegt. Der Marktpreis der Aktie entspricht hingegen dem börsentäglich ermittelten Kurswert – falls die betreffende Aktie börsennotiert ist. Die Aktienurkunde besteht aus Mantel und Bogen: Auf dem Mantel finden sich die genaue Unternehmensbezeichnung und der Nennwert, der Bogen enthält die Dividendenscheine (Coupons) und den Erneuerungsschein (Talon), der zum Bezug eines neuen Bogens berechtigt, wenn der erste nach der entsprechenden Anzahl von Jahren verbraucht ist. Die Aktie bietet dem Inhaber zwei Ertragsquellen: Zum einen die Dividende als dem Aktionär zustehende Beteiligung am Gewinn der AG, zum anderen die Möglichkeit auf einen Vermögenszuwachs durch einen steigenden Kurswert, wenn das Unternehmen profitabel arbeitet und die Aktie somit für einen breiten Anlegerkreis an Attraktivität gewinnt.

Aktienanalyse
Untersuchung von Aktien für Zwecke der kurz- oder langfristigen Geldanlage. Ein Unternehmen bzw. dessen Aktie wird nach bestimmten Kriterien untersucht, wobei der Analyst versucht, aus Daten der Vergangenheit und der Gegenwart Rückschlüsse auf die zukünftige Entwicklung zu ziehen. Während sich die Fundamentalanalyse auf die Untersuchung der Unternehmensdaten (Umsatz, Gewinn, Gewinnmargen, Marktanteile, Produkte, Dividendenrendite u. a.) sowie des gesamtwirtschaftlichen Umfelds konzentriert, steht bei der technischen Aktienanalyse die Beobachtung von Kurs- und Umsatzverläufen der Aktie im Vordergrund. Trotz ihrer grundsätzlich verschiedenartigen Herangehensweisen können sich beide Schulen durchaus sinnvoll ergänzen.

Aktienarten
Nach dem Kriterium der Übertragbarkeit unterscheidet man Inhaber-, Namens- und vinkulierte Namensaktien. Inhaberaktien können durch einfache Einigung und Übergabe übertragen werden. Dem die Urkunde präsentierenden Inhaber stehen sämtliche Aktionärsrechte zu. Bei Namensaktien ist der Eigentümer auf der Aktienurkunde bezeichnet. Eine Eigentumsübertragung erfordert einen Übertragungsvermerk (Indossament) auf der Rückseite des Aktienmantels. Bei der Besitzübertragung an vinkulierten (gebundenen) Namensaktien ist neben dem Indossament noch die Zustimmung der AG erforderlich. Nach dem Kriterium des Stimmrechts unterscheidet man Stamm- und Vorzugsaktien: Stammaktien verbriefen das volle Stimmrecht auf der Hauptversammlung. Bei Vorzugsaktien ist das Stimmrecht meist ausgeschlossen, dafür stehen dem Vorzugsaktionär eine höhere Dividende bzw. eine Garantiedividende und andere Vorrechte zu, zum Beispiel eine Bevorzugung bei der Liquidation der AG.

Aktiengesellschaft

Handelsgesellschaft mit eigener Rechtspersönlichkeit (juristische Person), deren Gesellschafter (Aktionäre) mit ihren Einlagen auf das Grundkapital beteiligt sind. Die Aktionäre haften nicht persönlich: Ausschließlich das Aktienkapital (Grundkapital) haftet für die Verbindlichkeiten der Aktiengesellschaft. Das im Handelsregister eingetragene Grundkapital muss bei Gründung der Aktiengesellschaft mindestens 100000 DM betragen. Die Organe der Aktiengesellschaft sind Vorstand, Aufsichtsrat und Hauptversammlung. Die Rechtsform der Aktiengesellschaft findet sich in sämtlichen Industriestaaten, wobei die rechtlichen Regelungen Unterschiede aufweisen.

Aktienrückkauf

In den USA seit langem übliche, in Deutschland erst seit kurzem zulässige Maßnahme. Unternehmen kaufen ihre eigenen Aktien an der Börse zurück, um das Volumen umlaufender Titel zu reduzieren und somit den Kurswert der einzelnen Aktien zu erhöhen.

Aktionär

Eigentümer von Aktien einer AG und damit Gesellschafter bzw. Mit-eigentümer des Unternehmens.

Amtlicher Handel

Der amtliche Handel ist in Deutschland die Form des Wertpapierhandels mit den strengsten Zulassungs- und Publizitätsvorschriften. Nach § 36 Börsengesetz muss bei der Einführung in den amtlichen Handel ein Prospekt vorgelegt werden, der genaue Angaben über die betreffende AG enthält. Wertpapiere, die zur Schädigung allgemeiner Interessen oder offenkundig zu einer Übervorteilung des Anlegerpublikums führen könnten, werden nicht zugelassen. Ausländische

Unternehmen, die die Zulassung zum amtlichen Handel beantragen, haben die den Vorschriften in dem jeweiligen Land entsprechenden Unterlagen einzureichen. Bundes- und Länderanleihen sind kraft Gesetzes ohne Prüfverfahren zum amtlichen Handel zugelassen. Zuständig für den amtlichen Handel ist der Börsenvorstand unter Mitwirkung der amtlichen Kursmakler.

Analyst/in
Wertpapierfachmann/frau, der oder die mit Hilfe der technischen Wertpapieranalyse und/oder der Fundamentalanalyse ein möglichst genaues Bild über die Situation einer Aktiengesellschaft und die Kurschancen ihrer Aktien zu gewinnen versucht.

Anlagestrategie
Gezielte, längerfristig ausgerichtete Vorgehensweise zur Erzielung eines möglichst gewinnbringenden Anlageerfolgs an den Wertpapiermärkten. Die Strategie richtet sich neben objektiven Kriterien, die die fundamentale und die technische Wertpapieranalyse liefern, auch nach finanzieller Situation und persönlichen Präferenzen des Anlegers.

Anleihe
Sammelbezeichnung für Schuldverschreibungen mit fester oder variabler Verzinsung, längerer Laufzeit und vertraglich fixierter Tilgung.

Antizyklisch Investieren
Dem herrschenden Trend an den Wertpapiermärkten entgegengesetztes Anlageverhalten. Der antizyklische Investor kauft bei stark fallenden Kursen und verkauft im Aufwärtstrend. Die zugrundeliegende Idee ist, dass sich auf diese Weise das Hauptziel des Anlegers erreichen lässt, bei mög-

lichst tiefen Kursen zu kaufen und die Papiere später wesentlich teurer wieder zu verkaufen.

Asset Allocation

Vermögensstrukturierung. Forschungsansätze zur Asset Allocation beschäftigen sich mit der Fragestellung, mit welchen prozentualen Anteilen unterschiedliche Anlageobjekte (Assets) in einem optimal strukturierten Vermögen bzw. Depot vertreten sein sollen. Entscheidungskriterien sind dabei neben Eigenschaften der Assets (Chance-Risiko-Relation, Rendite) auch die Präferenzen bzw. die finanzielle Situation des Investors. Während sich Risiko und Rendite verschiedener Anlageobjekte mit Hilfe mathematischer Modelle objektiv ermitteln lassen, spielen subjektive Präferenzen des Anlegers (Risikobereitschaft, Höhe des Gesamtvermögens) ebenfalls eine wichtige Rolle.

Aufsichtsrat

Organ der Aktiengesellschaft und anderer juristischer Personen. Dem Aufsichtsrat obliegt die Überwachung der Geschäftsführung der AG, wobei die Aufsichtsratsmitglieder nicht Aktionäre der betreffenden Aktiengesellschaft sein müssen. Er besteht aus mindestens drei Mitgliedern, die aus ihrer Mitte einen Aufsichtsratsvorsitzenden und einen Stellvertreter wählen. Zu seinen wichtigsten Aufgaben gehört die Einberufung der Hauptversammlung (HV).

Ausgabekurs, Emissionskurs

Derjenige Kurs, den Investoren bei der Ausgabe (Emission) von Wertpapieren zu zahlen haben. Bei Anleihen kann der Ausgabekurs dem Nennwert entsprechen, darüber oder darunter liegen. Aktien dürfen in Deutschland nur zum Nennwert oder zu einem darüber liegenden Kurs an die Ersterwerber ausgegeben werden (Verbot der Unterpari-Emission).

Ausschüttung
Auszahlung von Dividenden, Boni, Liquidationserlösen und dergleichen an die Anteilseigner.

Bär
Im englischen Sprachraum verbreitete (bear) und von dort übernommene Bezeichnung für Personen, die mit fallenden Börsenkursen rechnen und „à la baisse“ spekulieren. Gegensatz: Bulle.

Bärenfalle
Begriff aus der technischen Wertpapieranalyse. Als Bärenfalle bezeichnet man ein Verkaufssignal, das sich im Nachhinein als Fehlsignal erweist. Der Bär tappt in die Falle, indem er auf fallende Kurse spekuliert, auf dem falschen Fuß erwischt wird und Verluste hinnehmen muss.

Baisse
Aus dem Französischen übernommene Bezeichnung für eine über längere Zeit anhaltende Phase starker Kursverluste an der Börse. Seltener werden auch entsprechende Tagestendenzen als Baisse bezeichnet.

Bardividende
Der Teil der Dividende, der tatsächlich an den Aktionär ausgezahlt wird. Die Bardividende ist von der Höhe der Bruttodividende und der Körperschaftssteuergutschrift abhängig.

Berichtigungsaktien, Gratisaktien
Bei einer Kapitalerhöhung aus Gesellschaftsmitteln werden offene oder stille Rücklagen der AG in dividendenberechtigtes Grundkapital um-gewandelt. Die Aktionäre erhalten zusätzliche Aktien entsprechend ihrer vorherigen Beteiligung. Da die Eigenmittel der AG auf diese Weise nicht verändert wer-

den, ist die häufig benutzte Bezeichnung „Gratisaktien" irreführend: Zwar braucht der Aktionär nichts für seine zusätzlichen Aktien zu bezahlen, doch er erhält auch nichts geschenkt. Zwar besitzt er nach der Kapitalerhöhung mehr Aktien als zuvor, der Wert der einzelnen Aktie vermindert sich jedoch entsprechend dem Umfang der Kapitalerhöhung.

Bezugsfrist

Zeitraum von mindestens zwei Wochen zur Ausübung des Bezugsrechts. Während der Bezugsfrist kann sich der Aktionär entscheiden, ob er an der Kapitalerhöhung teilnehmen oder seine Bezugsrechte veräußern möchte.

Bezugspreis

Der bei einer Kapitalerhöhung festgelegte Ausgabepreis der jungen bzw. neuen Aktien. Nach § 186 Aktiengesetz hat der Aktionär das Recht, bei einer Kapitalerhöhung entsprechend seiner bisherigen Beteiligung am Grundkapital neue bzw. junge Aktien zu erwerben. Bei einer Kapitalerhöhung im Verhältnis 4:1 kann er daher für je vier bisher gehaltene Aktien eine neue zum festgelegten Bezugspreis erwerben. Er muss aber nicht: Während des Bezugsrechtshandels kann er seine Rechte veräußern und den für die Bezugsrechte zu erlösenden Preis vereinnahmen. Nach § 186 Abs. 3,4 Aktiengesetz kann die Hauptversammlung mit -einer Dreiviertelmehrheit auch einen Ausschluss des Bezugsrechts beschließen.

Bezugsrechtsabschlag

Am ersten Tag des Bezugsrechtshandels wird die betreffende Aktie „ex Bezugsrecht" gehandelt. Der Kurswert des Wertpapiers verringert sich um den Wert des Bezugsrechts.

Bezugsrechtshandel

Börsenhandel von Bezugsrechten während der Bezugsfrist.

Bezugsverhältnis
Relation zwischen der Zahl der „alten“ und der neu emittierten Aktien bei einer Kapitalerhöhung. Ein Bezugsverhältnis von 4:1 bedeutet zum Beispiel, dass Altaktionäre für je vier Altaktien eine neue beziehen können.

Bilanz
Gegenüberstellung der Aktiva und Passiva eines Unternehmens zur Darstellung ihrer Vermögens-, Kapital- und Finanzstruktur. Die Erstellung der AG-Bilanz unterliegt umfangreichen gesetzlichen Vorschriften, betreffend die Anordnung der einzelnen Bilanzpositionen, die Bewertung von Vermögensgegenständen etc. Die sogenannten Bilanzkennzahlen, Verhältniszahlen aus Positionen der Aktiv- und/oder Passivseite, gehören zu den meistbeachteten Kriterien der Fundamentalanalyse.

Blue Chip
Aus dem angelsächsischen Sprachgebrauch übernommene Bezeichnung für Standardaktien mit hohem internationalem Ansehen.

Börse
Markt für Wertpapiere, Devisen und Waren, wo vereidigte Kursmakler aufgrund der ihnen vorliegenden Kauf- und Verkaufsaufträge börsen-täglich aktuelle Kurse (Preise) feststellen und einen funktionierenden Handel gewährleisten.

Börsenplatz
Bezeichnung für den geographischen Ort einer Wertpapierbörse. Die acht deutschen Börsenplätze sind Frankfurt, Düsseldorf, München, Hamburg, Stuttgart, Berlin, Bremen und Hannover.

Börsenzulassung
Zulassung von Wertpapieren zum Handel an der Börse. Die Zulassung ist je nach Handelsart von verschiedenen Voraussetzungen abhängig. Manchmal meint die Bezeichnung auch die Berechtigung bestimmter Personen zur Teilnahme am Börsenhandel oder deren Berechtigung, das Börsengebäude zu betreten.

Bogen
Bestandteil der Aktienurkunde. Der Bogen enthält die Dividendenabschnitte (Coupons) und den Erneuerungsschein (Talon), der nach einer entsprechenden Anzahl von Jahren zum Bezug eines neuen Dividendenscheinbogens berechtigt.

Bond
International übliche Bezeichnung für festverzinsliche Wertpapiere.

Bonität
Maßstab für die Kreditwürdigkeit von Anleiheschuldnern, insbesondere für die Fähigkeit, die laufende Verzinsung und die Rückzahlung bei Fälligkeit der Anleihe zu gewährleisten. Je schlechter die Bonität eingeschätzt wird, desto höhere Zinsen wird ein Emittent bezahlen müssen, um seine Schuldverschreibungen am Markt zu plazieren. Es gibt international angesehene Ratingagenturen, die die Bonität von Schuldnern prüfen und „benoten".

Bonus
Sonderausschüttung einer Aktiengesellschaft an die Aktionäre. Boni werden in der Regel als einmalige Sondervergütung in Jubiläumsjahren des Unternehmens, bei außerordentlichen Erträgen oder in Jahren mit außergewöhnlich hohen Gewinnen gezahlt.

Book-Building-Verfahren
In der jüngsten Vergangenheit immer häufiger angewandtes Verfahren zur Festlegung des Emissionspreises von neu an der Börse eingeführten Aktien. Beim Book-Building-Verfahren wird kein fester Preis vorgegeben, sondern Interessenten können innerhalb eines vorgegebenen Preisspektrums Zeichnungsangebote abgeben. Bei hoher Nachfrage wird sich der Emissionspreis am oberen Ende des Spektrums bewegen, und Interessenten mit zu niedrigen Geboten kommen nicht zum Zug. Für die neu an die Börse kommende AG besteht allerdings auch die Gefahr, dass bei geringer Nachfrage schließlich ein niedrigerer als der ursprünglich angestrebte Emissionserlös erzielt wird.

Boom
Börsenphase, die sich durch stark steigende Wertpapierkurse und hohe Umsätze auszeichnet.

Branche
Wirtschaftszweig, z. B. Automobil-, Stahl- oder chemische Industrie.

Branchenrotation
Abwechselnde Bevorzugung der Aktien bestimmter Branchen. Wenn Aktien einer Branche bereits stark gestiegen sind, rücken oft die einer anderen in den Mittelpunkt des Interesses, weil man diesen noch zusätzliches Kurspotenzial zutraut. Auch politische Entwicklungen und Veränderungen des Zinsniveaus können eine Branchenrotation auslösen.

Branchenstreuung
Verteilung des Aktienvermögens auf Papiere von in verschiedenen Branchen tätigen Unternehmen. Sinn der Branchenstreuung ist eine Risikominimierung, da die Erfahrung zeigt,

dass in Zeiten fallender Kurse am Aktienmarkt nicht alle Branchen gleich stark betroffen sind.

Briefkurs
Kurs, zu dem ein Marktteilnehmer bereit ist, ein bestimmtes Volumen eines Wertpapiers zu verkaufen. Gegensatz: Geldkurs.

Broker
Angelsächsische Bezeichnung für Makler. Broker sind Wertpapier-, -Waren- und Devisenhändler, die im Kundenauftrag Börsengeschäfte durchführen.

Bruttodividende, Bruttorendite
Dividende bzw. Rendite ohne Berücksichtigung darauf zu entrichtender Steuern.

Bruttosozialprodukt
Wert sämtlicher Güter und Dienstleistungen, die in einer Volkswirtschaft innerhalb eines bestimmten Zeitraums hergestellt bzw. erbracht werden.

Buchgewinn
Ein Buchgewinn entsteht, wenn der Verkaufserlös eines Vermögens-gegen-standes über dem Buchwert liegt. Im Börsenjargon wird auch ein noch nicht durch Verkauf realisierter Kursgewinn als Buchgewinn bezeichnet.

Buchverlust
Wird ein Vermögensgegenstand zu einem unter dem Buchwert liegenden Preis veräußert, so entsteht ein Buchverlust. In der Börsensprache werden auch noch nicht durch Verkauf realisierte Kursverluste als Buchverluste bezeichnet.

Buchwert
Der in der Bilanz ausgewiesene Wert von Vermögensgegenständen und Verbindlichkeiten eines Unternehmens.

Bulle
Bezeichnung für den „Optimisten“ an der Börse, der mit steigenden Kursen rechnet und sich entsprechend engagiert. Wie sein Gegenstück, der Bär, stammt auch der Bulle ursprünglich aus dem angelsächsischen Sprachraum.

Bullenfalle
Gegenstück zur Bärenfalle. Ein falsches Kaufsignal lässt den Bullen auf steigende Kurse spekulieren, und er erleidet Verluste.

Bundesanleihe
Von der Bundesrepublik Deutschland emittierte festverzinsliche Wert-papiere verschiedener Laufzeit. Bundesanleihen sind per Gesetz ohne Prospekt zum amtlichen Handel zugelassen.

Cash Flow
Wichtige Kennzahl zur Bewertung der Finanz- und Ertragskraft eines Unternehmens. Der Cash Flow setzt sich zusammen aus dem Jahres-überschuss, den Abschreibungen, den Veränderungen der langfristigen Rückstellungen und den Steuern auf Einkommen und Ertrag.

C-Dax
Auch: Composite Dax. Alle in Frankfurt amtlich notierten Aktien umfassender, nach Marktkapitalisierung gewichteter deutscher Aktien-index. Der C-Dax ist in mehrere Branchenindizes unterteilt, die die Kursentwicklung der Aktien aus den jeweiligen Wirtschaftszweigen dokumentieren. Im ein-

zelnen enthält er Unterindizes der folgenden Branchen: Automobile, Bau, Chemie, Beteiligungen, Elektronik, Brauereien, Hypothekenbanken, Geschäftsbanken, Transport, Maschinenbau, Papier, Energieversorger, Stahl, Textil, Versicherungen und Konsum (Kaufhäuser).

Chart
Grafische Darstellung der Kurs- und Umsatzentwicklung von Wertpapieren, Branchen oder Börsen. Charts sind die Grundlage der technischen Wertpapieranalyse.

Computerhandel
Vermittlung von Wertpapier-Kauf- und Verkaufsaufträgen durch ein zentrales Computernetz. Während an der Präsenzbörse der Kursmakler dafür zuständig ist, Angebot und Nachfrage abzustimmen, übernimmt diese Aufgabe im Computerhandel ein Zentralrechner. Der Computerhandel gewinnt im Vergleich zur Präsenzbörse immer mehr an Bedeutung. Viele Experten erwarten, dass er den früher ausschließlich üblichen Handel auf dem Börsenparkett früher oder später ganz verdrängen wird.

Coupon
Zins- oder Dividendenabschnitt, Bestandteil des Bogens. Gegen Einreichung des Coupons erfolgt die Gutschrift der Dividende bzw. des vereinbarten Zinsbetrags.

Crash
Massiver Kurseinbruch von Wertpapieren auf breiter Front. Neben dem Crash von 1929 (Schwarzer Freitag) ist vor allem der Einbruch vom Oktober 1987 noch in Erinnerung, der jedoch weit weniger schwerwiegende Folgen hatte.

DAX (Deutscher Aktien-Index)
Eigentlich: DAX-30. Fortlaufend berechneter Index, in dem 30 bedeutende, nach der Marktkapitalisierung gewichtete deutsche Aktien repräsentiert sind. Eine Erweiterung des DAX auf mehr als 30 Werte wird seit einiger Zeit diskutiert.

DAX-100
Dieser Index umfasst die 30 im DAX-30 und die 70 im MDAX repräsentierten Aktien. Er besteht also im Prinzip aus den 100 größten deutschen Aktien nach den Kriterien der Marktkapitalisierung und des Umsatzes. Der DAX 100 ist in zehn Branchenindizes unterteilt.

DAX-Werte
Gängige Bezeichnung für die 30 im Deutschen Aktien-Index (DAX-30) repräsentierten Unternehmen bzw. deren Aktien.

Depot
Bezeichnung für die Gesamtheit der für einen bestimmten Anleger bei einer Bank hinterlegten Wertgegenstände, hier insbesondere Wert-papiere.

Depotaufteilung, -strukturierung
Zusammenstellung eines Wertpapierdepots nach bestimmten Kriterien. Abhängig von den persönlichen Anlagezielen des Depotinhabers. Renditeorientierte Anleger sollten festverzinsliche Wertpapiere und Standardaktien mit hoher Dividendenrendite übergewichten. Spekulative, nach hohen Kursgewinnen strebende Anleger sollten dagegen Aktien kleinerer, aufstrebender Unternehmen ins Depot aufnehmen.

Depotgebühren
Gebühren, die die Bank ihren Depotkunden für die Verwahrung und Verwaltung von Wertpapieren in Rechnung stellt.

Maßgebend sind dabei die Anzahl der Einzelposten, Nennwert oder Kurswert der Wert-papiere. Da die Gepflogenheiten der einzelnen Banken unterschiedlich sind, sollte der Anleger die Gebühren mehrerer Häuser vergleichen, bevor er sich zur Einrichtung eines Wertpapierdepots bei einer bestimmten Bank entschließt.

Diskontsatz

Der vom Zentralbankrat festgelegte Zinssatz, der den Geschäftsbanken beim Ankauf von Wechseln berechnet wird. Er dient als Grundlage für den Zinssatz, den die Banken wiederum ihren Kunden beim Ankauf von Wechseln berechnen. Dem Diskontsatz kommt große Bedeutung innerhalb der Zinspolitik der Zentralbank zu. Neben dem Lombardsatz zählt er zu den sogenannten Leitzinsen.

Diversifikation, Diversifizierung

Streuung des Anlagekapitals auf verschiedene Investmente zum Zweck der Risikokontrolle. Sinn der Diversifikation ist die Verlustbegrenzung: Je kleiner der Depotanteil eines Einzelinvestments, desto geringere Auswirkungen hat ein hoher Wertverlust dieses Investments auf das Gesamtvermögen des Anlegers.

Dividende

Auf eine Aktie entfallender Anteil an der Gewinnausschüttung einer AG. Die Höhe der Dividende wird von der Hauptversammlung nach Vorschlag von Vorstand und Aufsichtsrat beschlossen. Die Dividende ist von der allgemeinen Geschäftslage der AG abhängig und daher Schwankungen unterworfen. Deutsche Unternehmen schütten einmal jährlich aus, doch im Ausland ist dies nicht überall üblich: So gibt es bei US-Unternehmen in der Regel viermal jährlich Quartalsdividenden

Dividendenabschlag
Am Tag der Dividendenausschüttung ermäßigt sich der Kurswert der betreffenden Aktie rein rechnerisch (ohne Berücksichtigung anderer Einflüsse auf die Kursfeststellung) um die Höhe der Bruttorendite. Auf dem Kurszettel wird dies mit dem Zusatz „ex Dividende" festgehalten.

Dow Jones Industrial Average
Weltweit meistbeachteter Aktienindex. Der „Dow" errechnet sich durch Addition der Kurse von 30 der bedeutendsten US-Industrieunternehmen und anschließende Multiplikation mit einem Faktor, der bei jedem Split eines dieser Unternehmen nach unten adjustiert wird. Im Gegensatz zu den meisten anderen Aktienindizes sind die einzelnen Aktien im Dow Jones Industrial Average nicht nach Marktkapitalisierung gewichtet.

DTZ
Abkürzung für Deutsches Zertifikat. Analog zum ADR handelt es sich hierbei um von deutschen Banken ausgegebene Hinterlegungsscheine, die eine oder mehrere ausländische Aktien verbriefen.

Effizienter Markt
Die Theorie des effizienten Marktes besagt, dass sich Börsenkurse entsprechend den realen ökonomischen Bedingungen entwickeln. Kursrelevante neue Informationen gehen sofort in die Kursbildung ein. Es gibt, bezogen auf die Börse, mehr oder wenige strenge Fassungen der Theorie des effizienten Marktes. Die strengste geht davon aus, dass selbst Insiderinformationen bereits in der Kursentwicklung eskomptiert sind. Weder durch diese noch mit Hilfe der Chartanalyse ließen sich folglich auf Dauer Gewinne erzielen. Siehe auch: Random-Walk-Hypothese.

Eigenkapital
Im weitesten Sinn des Wortes umfasst das Eigenkapital alle Mittel, die den Gläubigern eines Unternehmens haften. Meist ist jedoch das so genannte bilanzielle Eigenkapital gemeint, das sich nach der Formel -berechnet: Vermögen – Schulden + Einlagen + einbehaltene Gewinne – Entnahmen – eingetretene Verluste. Neben der Haftungs- und Garantiefunktion für den Gläubiger dient das Eigenkapital vor allem der -Finanzierung von Vermögensgegenständen und Produktion. Die Eigenkapitalausstattung eines Unternehmens ist ein wichtiges Kriterium für seine Finanzkraft und seine Fähigkeit, schwierige Zeiten einigermaßen unbeschadet zu überstehen. Im Rahmen der Fundamentalanalyse spielt sie daher eine wichtige Rolle.

Emerging Markets
Sammelbezeichnung für die Wertpapiermärkte der jungen, aufstrebenden Volkswirtschaften Lateinamerikas, Asiens und Afrikas, die sich durch starkes Wirtschaftswachstum auszeichnen.

Emission
Ausgabe neuer Wertpapiere (Aktien, Anleihen, Genussscheine etc.) Sie dient dem Emittenten zur Beschaffung von Kapital und erfolgt meist durch öffentliche Ausschreibung. Auch die Gesamtheit der zu einer Emission gehörenden Wertpapiere (Emissionsvolumen) wird oft kurz als Emission bezeichnet.

Emissionskonsortium
Als Gesellschaft des Bürgerlichen Rechts organisierte Vereinigung von Banken zum Zweck der gemeinsamen Durchführung einer Emission.

Eskomptiert

Vorweggenommen. Bereits seit längerem erwartete gute oder schlechte Nachrichten, die die Kursentwicklung eines Wertpapiers beeinflussen könnten, haben schließlich doch keine Auswirkungen, da sie durch die Erwartungshaltung der Marktteilnehmer bereits im Kurs eskomptiert sind. Die Kursentwicklung wird durch das erwartete Ereignis also schon vor dessen tatsächlichem Eintreten beeinflusst.

Euro Stoxx Indizes

Von der Deutschen, der Pariser und der Schweizer Börse in Zusammenarbeit mit dem US-Unternehmen Dow Jones konzipierte, internationale Aktienindizes. Der meistbeachtete ist der Euro Stoxx 50, in dem 50 Top-Unternehmen aus den Teilnehmerländern der Europäischen Währungsunion vertreten sind. Daneben gibt es einen Index mit 50 Werten aus ganz Europa, also inklusive Schweiz und Großbritannien, und zwei breiter gefasste Indizes, die 326 bzw. 666 Werte beinhalten.

Flagge

Trendbestätigungsformation im Rahmen der technischen Wertpapieranalyse. Hoch- und Tiefpunkte des Chart innerhalb eines bestimmten Zeitraums werden miteinander verbunden, die Flaggenformation ist dadurch gekennzeichnet, dass die Begrenzungslinien parallel und entgegengesetzt zur Trendbewegung verlaufen. Die Flaggenformation gilt technischen Analysten als Indiz für die Fortsetzung des in der Vergangenheit zu konstatierenden Trends.

Freigrenze

Begriff aus dem Steuerrecht. Für Börsengeschäfte relevant ist vor allem die Freigrenze von 1000 DM pro Kalenderjahr, bis zu der Spekulationsgewinne steuerfrei bleiben. Wird die

Freigrenze überschritten, so ist im Unterschied zu einem steuerlichen Freibetrag nicht nur die Differenz, sondern die volle Summe zu versteuern. Es kann also sich lohnen, am Ende des Jahres genau nachzurechnen. Falls die erzielten Spekulationsgewinne die Freigrenze nur knapp übersteigen, kann durch die Realisierung von kleinen Buchverlusten die Steuerfreiheit wieder erreicht werden.

Freiverkehr

Börsenhandel von Wertpapieren, die nicht im amtlichen Handel oder im geregelten Markt notiert werden. Man unterscheidet zwischen geregeltem und ungeregeltem Freiverkehr (Telefonverkehr). Die Zulassung zum geregelten Freiverkehr erfordert die Stellung eines Antrags beim Ausschuss für Geschäfte in amtlich nicht notierten Werten der jeweiligen Börse und das Durchlaufen eines Zulassungsverfahrens, das jedoch weniger streng verläuft als bei der Zulassung zum amtlichen Handel. Wie im amtlichen Handel ist die Möglichkeit zur effektiven Lieferung der Wertpapiere Voraussetzung für die Zulassung zum geregelten Freiverkehr. Im ungeregelten Freiverkehr werden zum Teil Wertpapiere notiert, bei denen die Voraussetzungen zur Zulassung zum amtlichen Handel oder zum geregelten Freiverkehr (noch) nicht gegeben sind, zum Teil auch solche, die an anderen Börsen amtlich notiert sind. Letzteres liegt daran, dass viele Unternehmen die hohen Kosten einer Zulassung zum amtlichen Handel an mehreren Börsen scheuen. Die Zulassung zum ungeregelten Freiverkehr kann jederzeit ohne besonderes Prüfungsverfahren beim zuständigen Überwachungsausschuss der jeweiligen Börse beantragt werden.

Fremdkapital

Summe aller Verbindlichkeiten eines Unternehmens, Passiva abzüglich Eigenkapital, eventuell um Wertberichtigungen korrigiert. Nach der Fristigkeit unterscheidet man kurzfristiges (z.B. Bankkredite, Wechselverbindlichkleiten) und langfristiges (z.B. Anleihen, langfristige Kredite) Fremdkapital.

FTSE-100-Index
Meistbeachteter Aktienindex der Londoner Börse. Ersetzte 1984 den 1935 entwickelten FT-30-Index. Nach Marktkapitalisierung gewichtet, umfasst der FTSE-100-Index 100 der wichtigsten Finanz- und Industrieaktien Großbritanniens. Er wird von der bedeutenden Tageszeitung Financial Times betreut.

Fundamentalanalyse
Bezeichnung für Vorgehensweisen der Wertpapieranalyse, die sich nicht wie die technische Analyse an Kursverläufen der Vergangenheit orientieren, sondern politische, volkswirtschaftliche, monetäre und unternehmensspezifische Einflussfaktoren auf die Kursentwicklung untersuchen. Zunächst wird diagnostiziert, ob zum Beispiel eine Aktie im historischen Vergleich, im Branchenvergleich oder aufgrund von Ertrags- und Substanzwertgesichtspunkten über- oder unterbewertet ist. Aus dieser Diagnose wird eine Prognose der zukünftigen Entwicklung abgeleitet.

Fusion
Zusammenschluss von zwei oder mehr zuvor selbständigen Unternehmen. Die Fusion kann durch Aufnahme oder Unternehmensneugründung erfolgen. Mögliche Ziele einer Fusion sind eine Verbesserung von Marktstellung und Wettbewerbssituation, die Sicherung von Beschaffungs- und/oder Absatzmärkten und eine Ausweitung der Produktpalette. Auch steuerliche Gründe können eine Rolle spielen.

Gap
Kurslücke in einem Chart, die dann entsteht, wenn der erste

Kurs eines Handelstages wesentlich über oder unter dem Schlusskurs des Vortags liegt.

Geldkurs

Kurs, zu dem ein Marktteilnehmer bereit ist, ein bestimmtes Volumen -eines Wertpapiers zu erwerben. Geldkurse, die nicht auf entsprechende Nachfrage gestoßen sind, werden auf dem Kurszettel mit dem Zusatz „G“ für „Geld“ versehen.

Geldmenge

Die Bezeichnung wird zum Teil für Geldvolumen (Bargeldumlauf) zum Teil auch im Sinn von Zentralbankgeldmenge angewandt. Man unterscheidet drei Geldmengenarten: M1 bezeichnet den Geldumlauf: Bargeldumlauf (ohne Kassenbestände der Banken) und Sichteinlagen inländischer Nichtbanken. M2 umfasst M1 plus Termingelder inländischer Nichtbanken mit Laufzeiten unter vier Jahren. Das meistbeachtete Geldmengenvolumen M3 schließlich beinhaltet M2 plus Spareinlagen inländischer Nichtbanken mit gesetzlicher Kündigungsfrist.

Geregelter Markt

Im Mai 1987 ins Leben gerufenes Segment des Börsenhandels in Deutsch-land. Im Vergleich zum amtlichen Handel bestehen im geregelten Markt geringere Anforderungen an den Börseneinführungsprospekt, auch die Publizitätsvorschriften sind weniger streng. Der geregelte Markt eignet sich daher vor allem für mittelgroße Aktiengesellschaften, die hohe Kosten bei der Börseneinführung ihrer Aktien vermeiden wollen.

Geschäftsjahr

Das Geschäftsjahr von Unternehmen, hier insbesondere Aktiengesellschaften, deckt sich in Deutschland meist –

jedoch nicht immer – mit dem Kalenderjahr. International, vor allem in den USA, ist die Zahl der Unternehmen mit vom Kalenderjahr abweichenden Geschäftsjahren größer als hierzulande.

Gewinn pro/je Aktie
Eine der wichtigsten Kennzahlen der fundamentalen Aktienanalyse. Der innerhalb eines bestimmten Zeitraums (Quartal, Geschäftsjahr) erzielte Unternehmensgewinn wird durch die Anzahl der von dem Unternehmen ausgegebenen Aktien dividiert. Der Gewinn je Aktie dient vor allem zum Vergleich verschiedener Unternehmen derselben Branche und zur Untersuchung der Ertragssituation eines einzelnen Unternehmens über die Zeit.

Gewinnmarge
Gewinn, z.B. Jahresgewinn eines Unternehmens, ausgedrückt in Prozent des Umsatzes. Bei der Unternehmensanalyse wird unterschieden zwischen der Bruttogewinnmarge (Gewinnmarge ohne Berücksichtigung anfallender Steuerzahlungen) und der Nettogewinnmarge, die den Gewinn nach Steuern in Prozent des Gesamtumsatzes zum Ausdruck bringt.

Gleitender Durchschnitt
Statistisches Glättungsverfahren. Die technische Wertpapieranalyse bedient sich gleitender Durchschnitte zur Interpretation typischer Kursverläufe und zur Trendprognose. Am jedem Börsentag wird der durchschnittliche Kurswert eines Wertpapiers für eine bestimmte Zahl zurückliegender Handelstage gebildet. Kurzfristige Bewegungen werden so geglättet, was mit der Erwartung verbunden ist, dass Trends sich auf diese Weise erkennen und vorherbestimmen lassen. Als besonders aussagekräftig gilt die

Zweihundert-Tage-Linie, die aus den Kurswerten der jeweils letzten 200 Börsentage gebildet wird. Ein signifikantes Unter- oder Überschreiten dieser Linie wird als Zeichen einer Trendumkehr gedeutet. Auch der Neunzig-Tage-Linie kommt im Rahmen der technischen Wertpapieranalyse prognostische Bedeutung zu.

Hauptversammlung (HV)

Organ der Aktiengesellschaft. In der Regel einmal jährlich stattfindende Versammlung der Aktionäre. Zugang zur Hauptversammlung und Stimmrecht stehen nur den Inhabern von stimmberechtigten Stammaktien zu, nicht aber Vorzugsaktionären. Die Haupversammlung wird vom Vorstand der AG mit einer Frist von mindestens einem Monat einberufen. Wichtigste Aufgaben der Hauptversammlung sind die Bestellung der Mitglieder des Aufsichtsrats, Beschlussfassung über die Verwendung des Bilanzgewinns, Entlastung der Mitglieder von Vorstand und Aufsichtsrat, Bestellung der Abschlussprüfer, Beschlussfassung über Satzungsänderungen, Maßnahmen zu Kapitalbeschaffung und Kapitalherabsetzung, Bestellung von Prüfern zur Prüfung von Vorgängen bei Gründung oder Geschäftsführung und die Beschlussfassung zur Auflösung der AG.

Hausse

Aus dem Französischen übernommene Bezeichnung für eine über längere Zeit anhaltende starke Aufwärtsbewegung an der Börse. Gegensatz: Baisse.

Index, Aktienindex

Kennzahl, die die Entwicklung bestimmter Größen – hier: die Entwicklung der Kurswerte von Wertpapieren – über die Zeit zum Ausdruck bringt. Gibt die Grundtendenz an einem Kapitalmarkt an. An der Börse stehen vor allem die wichtigen

Aktienindizes im Vordergrund des Interesses. Neben Branchenindizes werden vor allem die allgemeinen Indizes beachtet, in denen die Aktien der wichtigsten Unternehmen eines Landes repräsentiert sind. Zusammenstellung und Genauigkeit einzelner Aktienindizes weisen große Unterschiede auf. In den meisten Indizes sind die Einzelaktien nach ihrer Marktkapitalisierung gewichtet – so zum Beispiel im DAX und im Standard & Poor's 500 –, doch macht gerade der wohl bekannteste Aktienindex der Welt, der Dow Jones - Industrial Average, hier eine Ausnahme.

Index-Zertifikat

Wertpapier, das die Entwicklung eines Index exakt nachvollzieht. Index-Zertifikate bieten gegenüber dem Kauf von Einzelaktien den Vorteil der Diversifikation und sind so eine Alternative zu Fonds, zumal im Gegensatz zu letzteren kein Ausgabeaufschlag anfällt. Index-Zertifikate haben eine beschränkte Laufzeit, viele von ihnen sind jedoch mit einer Laufzeitverlängerungsoption ausgestattet. Neben Zertifikaten auf klas-sische Indizes wie DAX oder CAC-40 gibt es mittlerweile auch Papiere auf Aktien-Baskets, die von den Emittenten selbst zusammengestellt werden.

Indikator

Im Rahmen der technischen Wertpapieranalyse ein Anzeichen für einen bestimmten Kursverlauf in der Zukunft, unter Umständen für eine Umkehr des bisherigen Verlaufs. Die technische Wertpapieranalyse hat eine Vielzahl von Indikatoren entwickelt, etwa den MACD und den Stochastik-Indikator.

Inflation

Prozess, in dessen Verlauf die gesamtwirtschaftliche Nachfrage nach Gütern und Dienstleistungen das zur gleichen

Zeit am Markt vorhandene Angebot deutlich übersteigt. Die Folge sind steigende Preise bzw. Entwertung (Kaufkraftverlust) des Geldes.

Inflationsrate

Maß für den allgemeinen Preisanstieg in einem bestimmten Zeitraum. Die in Prozent ausgedrückte Inflationsrate besagt, in welchem Ausmaß die allgemeinen Lebenshaltungskosten zu einem Zeitpunkt B im Vergleich zu einem früheren Zeitpunkt A angestiegen sind.

Insider

Person, die aufgrund ihrer beruflichen Stellung kursrelevante Informationen über eine AG früher als die Öffentlichkeit erfährt.

Insiderinformationen

Kenntnisse über kursrelevante Informationen durch Insider. Insbesondere sind Kenntnisse über Ertragsveränderungen, Dividendenpolitik, geplante Kapitalmaßnahmen und Änderungen in der Unternehmensstruktur (z. B. Umwandlung oder Auflösung) Insiderinformationen, deren Ausnutzung zu Börsengeschäften strafbar ist.

Junge Aktien, Neue Aktien

Bei der Kapitalerhöhung einer AG neu ausgegebene Aktien. In der Regel werden junge Aktien nach der auf die Emission folgenden Dividendenausschüttung den alten Aktien gleichgestellt und verschwinden daher vom Kurszettel.

Kapitalerhöhung, Grundkapitalerhöhung

Maßnahme zur Finanzierung der AG durch Erhöhung des Grundkapitals.

Kapitalerhöhung aus Gesellschaftsmitteln
Erhöhung des Grundkapitals durch Umwandlung von Rücklagen. Der Aktiengesellschaft fließt – im Gegensatz zur ordentlichen Kapitalerhöhung – somit kein neues Kapital zu, es erfolgt lediglich eine Umschichtung von Bilanzpositionen. Die Aktionäre erhalten neue Aktien (Berichtigungsaktien, Gratisaktien), ohne Einzahlungen leisten zu müssen. Sinn der Kapitalerhöhung aus Gesellschaftsmitteln ist es, das haftende Eigenkapital in ein angemessenes Verhältnis zu den Rücklagen zu bringen. Ein Nebeneffekt ist die Kurssenkung der Aktie: Bei einer -Erhöhung im Verhältnis 4:1 sinkt der Aktienkurs rein rechnerisch um 20 Prozent, da die AG nach der Kapitalerhöhung aus Gesellschaftsmitteln ja ebensoviel „wert" ist wie zuvor. Insofern ist auch der Begriff Gratisaktie irreführend: Der Aktionär bekommt nichts geschenkt, da er die neuen Aktien indirekt durch den rechnerischen Wertverlust der alten Aktien bezahlt.

Kassakurs
Kursfeststellung derjenigen Wertpapiere, für die börsentäglich nur ein Kurs bestimmt wird (Einheitskurs) oder für diejenigen Aufträge in variabel notierten Wertpapieren, die den festgesetzten Mindestschluss (Mindeststückzahl) nicht erreichen.

Kaufsignal
Begriff aus der technischen Wertpapieranalyse. Zeigt der Kurs einen bestimmten Verlauf, durchbricht er etwa einen Widerstand, einen gleitenden Durchschnitt, oder bildet eine bestimmte Formation aus, so entsteht ein Kaufsignal.

KCV
Siehe: Kurs-Cash-Flow-Verhältnis.

KGV

Siehe: Kurs-Gewinn-Verhältnis.

Konkursverfahren

Zwangsverfahren über das Vermögen eines zahlungsunfähigen Schuldners. Bei der Aktiengesellschaft kommt als Konkursgrund noch die Überschuldung (Überwiegen der Schulden über das Vermögen) hinzu. Zweck des Konkursverfahrens ist die gerechte und gleichmäßige Verteilung des noch verbliebenen Schuldnervermögens auf die Gläubiger zum Zweck einer möglichst vollständigen Befriedigung der Gläubigeransprüche.

Konsolidierung

Eigentlich die Umwandlung von kurzfristigen in langfristige Schulden, etwa durch Emission einer Anleihe zur Ablösung von Bankverbindlichkeiten. Im Börsensprachgebrauch ist mit Konsolidierung eine Stabilisierung der Kursentwicklung von Wertpapieren in Reaktion auf vorangegangene starke Kursbewegungen gemeint.

Kurs

Oft anstelle von Kurswert gebrauchte Bezeichnung für den aktuellen Preis eines Wertpapiers, einer Devise oder einer Ware an der Börse.

Kurs-Cash-Flow-Verhältnis (KCV)

Aktienkurs dividiert durch den anteiligen Cash-Flow pro Aktie. Wichtige Kennzahl zur Bewertung der Finanz- und Ertragskraft eines Unternehmens.

Kursgewinn

Neben den laufenden Erträgen wie Dividenden oder Zinsen die zweite Möglichkeit, mit Wertpapieren Geld zu verdienen.

Von Kursgewinnen spricht man, wenn Wertpapiere zu einem niedrigeren als dem aktuellen Kurs gekauft wurden.

Kurs-Gewinn-Verhältnis (KGV)

Die wohl meistbeachtete Kennzahl der fundamentalen Aktienanalyse. Das KGV errechnet sich aus dem aktuellen Börsenkurs dividiert durch den für ein bestimmtes Jahr ausgewiesenen oder von Wertpapieranalysten erwarteten Gewinn pro Aktie. Je niedriger das KGV, desto preiswerter ist – unter Ertragsgesichtspunkten – eine Aktie. Ein Vergleich anhand des KGV ist jedoch nur bei Papieren derselben Branche wirklich aussagekräftig, denn manche Branchen haben traditionell ein weitaus höheres KGV als andere.

Kurswert

Im Gegensatz zum Nennwert bezeichnet der Kurswert denjenigen Preis, zu dem ein Wertpapier aktuell an der Börse gehandelt wird.

Kurszusätze

Zusätzliche Erläuterungen zum Kurswert eines Wertpapiers, die über Einzelheiten der Kursfeststellung oder der Angebots-Nachfrage-Situation informieren sollen. Zum Teil werden in der Tages- und Wirtschaftspresse unterschiedliche Bezeichnungen und Kürzel für bedeutungsidentische Kurszusätze verwendet.

Leerverkauf

Vor allem in den USA verbreitete Technik zur Spekulation auf fallende Wertpapierkurse. Der Verkäufer veräußert Papiere, die er zum Zeitpunkt des Verkaufs nicht besitzt, sondern in der Regel von einem Broker geliehen hat, in der Hoffnung, sie später zu einem niedrigeren Kurs zurückkaufen zu können und damit einen Gewinn zu realisieren. Das Risiko des Leerverkäufers ist dabei beträchtlich, theoretisch sogar unbegrenzt hoch, da das betreffende Wertpapier ja ad infinitum steigen könnte.

Liquidation
Auflösung und Abwicklung eines Unternehmens. Bei der Liquidation einer AG wird das nach Befriedigung der Gläubiger verbleibende Vermögen unter die Aktionäre verteilt. Gründe für die Liquidation einer AG sind der Ablauf der in der Satzung bestimmten Zeit, Beschluss der Hauptversammlung oder die Eröffnung eines Konkursverfahrens über das Vermögen der AG. In letzterem Fall erfolgt die Liquidation, falls das Konkursgericht die Eröffnung des Verfahrens „mangels Masse“ ablehnt, also wenn die Konkursmasse die Kosten des Verfahrens nicht deckt.

Liquidationswert
Verkaufswert sämtlicher Vermögensteile eines Unternehmens bei dessen Liquidation.

Liquidität
Die Liquidität bezeichnet die Fähigkeit eines Unternehmens, allen fälligen Zahlungsverpflichtungen fristgerecht nachzukommen.

Lombardsatz
Von der Zentralbank festgelegter Zinssatz, zu dem sie Kreditinstituten gegen Verpfändung von Wertpapieren Kredite gewährt. Neben dem Diskontsatz eines der wichtigsten Mittel der Zentralbank zur Regulierung der Kreditversorgung einer Volkswirtschaft.

MACD
Trendfolge-Indikator aus der technischen Wertpapierana-

lyse. Er beruht auf der Differenz zweier exponentiell geglätteter gleitender Durchschnitte. Diese Differenz wird erneut exponentiell geglättet, wodurch man die sogenannte Signallinie erhält. Durchbricht der MACD die Signallinie von unten nach oben, so wird dies als Kaufsignal gewertet. Ein Durchbrechen von oben nach unten gilt als Verkaufssignal.

Mantel
Neben dem Bogen zweiter Bestandteil der Aktienurkunde. Auf dem Mantel sind Unternehmensname, Nennwert und fortlaufende Nummer der betreffenden Aktie angegeben.

Marktkapitalisierung
Gibt den aktuellen Börsenwert eines Unternehmens an. Die Marktkapitalisierung wird durch Multiplikation des Börsenkurses mit der Zahl der ausgegebenen Aktien der betreffenden AG errechnet. Je kleiner die Marktkapitalisierung, desto dünner sind für gewöhnlich auch die täglichen Börsenumsätze der Aktie, was bei der Limitierung von Kauf- und Verkaufsaufträgen berücksichtigt werden sollte.

Namensaktie
Auf den Namen des Eigentümers lautende Aktie. Die Übertragung erfolgt durch Einigung, Übergabe und schriftliche Abtretungserklärung (Indossament) auf der Rückseite der Aktienurkunde. Vorgesehen ist ausserdem die Umschreibung im Aktienbuch der AG. Sonderfall: Vinkulierte Namensaktie.

NASDAQ
Computerisierter Freiverkehrshandel in den USA.

Nebenwerte
Gängige Bezeichnung für die Aktien junger bzw. kleinerer Un-

ternehmen, die international wenig bekannt sind oder wenig Beachtung finden. Gegensatz: Standardwerte, Blue Chips.

NEMAX

1999 konzipierte Indexfamilie für die am neuen Markt in Deutschland gehandelten Aktien. Der NEMAX-50 umfasst die 50 Aktien mit der höchsten Marktkapitalisierung, der NEMAX-All-Share-Index sämtliche am Neuen Markt gehandelten Titel.

Nennwert

Der auf einer Wertpapierurkunde abgedruckte Währungsbetrag. Bei Aktien gibt er den auf eine Aktie entfallenden Anteil am Grundkapital der AG an. In Deutschland lautet der Mindestnennwert von Aktien auf fünf, bis vor kurzem noch auf 50 DM. Im Zug der Einführung der gemeinsamen europäischen Währung wird der Mindestnennwert aller Aktien aus dem Euro-Raum jedoch auf einen Euro umgestellt. Im Gespräch ist auch die Einführung der früher in Deutschland nicht zu-lässigen nennwertlosen Aktie.

Neuer Markt

Am 10. März 1997 gegründetes Handelssegment für wachstumsstarke deutsche Aktien. Im Neuen Markt dürfen nur Stammaktien emittiert werden, mindestens 50 Prozent des Emissionsvolumens müssen aus einer Kapitalerhöhung stammen und quartalsmäßige Berichterstattung der Unternehmen ist Pflicht.

Neuer-Markt-Index

Nach Marktkapitalisierung gewichteter Index, in dem die am Neuen Markt gehandelten Aktien repräsentiert sind.

Nichtzyklische Aktien
Aktien von Unternehmen, deren Ertragslage von konjunkturellen Entwicklungen relativ unabhängig ist. Typische nichtzyklische Branchen sind Banken, Versicherungsunternehmen, Nahrungsmittel- und Haushaltsbedarfshersteller, Brauereien und Produzenten von Erfrischungsgetränken.

NYSE (New York Stock Exchange)
Bedeutendste Aktienbörse der Welt. Wird fälschlicherweise häufig mit dem US-Aktienmarkt gleichgesetzt, obwohl neben den Regionalbörsen (z.B. in Chicago, Boston und Philadelphia) und dem immer mehr an Bedeutung gewinnenden Computerhandelssystem NASDAQ auch in New York noch eine wichtige andere Börse (American Stock Exchange) existiert, die 1998 mit der NASDAQ fusioniert hat.

Parketthandel
Bezeichnung für den Wertpapierhandel an der Präsenzbörse im Gegensatz zum Computerhandel.

Performance
Bezeichnung für die Wertentwicklung eines Anlageobjekts über einen bestimmten Zeitraum.

Präsenzbörse
Von Maklern durchgeführter Wertpapierhandel im Börsengebäude, im Gegensatz zum Computerhandel.

Quartalsdividende
Im Gegensatz zu Deutschland erfolgt die Dividendenausschüttung in den USA nicht einmal jährlich für das gesamte Geschäftsjahr, sondern in der Regel viermal jährlich für das jeweils abgeschlossene Quartal.

Rallye
Gängige Bezeichnung für eine schnelle und kräftige Aufwärtsbewegung an der Börse.

Random-Walk-Hypothese
Auf der Theorie des effizienten Markts beruhendes Erklärungsmodell der Kursentwicklung von Wertpapieren. Die Hypothese besagt, vereinfacht ausgedrückt, dass aus der Beobachtung und Interpretation von Kursverläufen der Vergangenheit keinerlei Rückschlüsse auf die zukünftige Entwicklung gezogen werden können, denn in die jeweils letzte Kursfeststellung sind alle verfügbaren relevanten Informationen eingeflossen. Der jeweils letzte Kurs ist daher die bestmögliche Schätzung aller künftigen Kurse. Nach der Random-Walk-Hypothese ist folglich die technische Wertpapieranalyse ohne jegliche prognostische Relevanz. Strenggenommen sind nach dieser Hypothese allerdings auch mit den Mitteln der Fundamentalanalyse keine sinnvollen Prognosen über zukünftige Kursentwicklungen möglich.

Relative Stärke
Maß für die Kursentwicklung einer Aktie im Vergleich zu einem Index. Nicht die Entwicklung in absoluten Zahlen wird hier gemessen, sondern die prozentuale Veränderung seit einem bestimmten festgelegten Zeitpunkt. Eine relative Stärke von +15 Prozent bedeutet, dass die -betreffende Aktie sich um 15 Prozent besser entwickelt hat als der zum Vergleich herangezogene Index.

Relative-Stärke-Index (RSI)
Im Rahmen der technischen Wertpapieranalyse ein Maß für die Stärke eines Trends. Der RSI setzt den innerhalb eines bestimmten Zeitraums gemessenen Durchschnitt der Aufwärtskursdifferenzen eines Index – etwa des DAX – ins

Verhältnis zum Durchschnitt der Abwärtskursdifferenzen. Durch die Messung der Stärke eines Trends soll bestimmt werden, wann ein Index überkauft oder überverkauft ist, wann also ein Ein- oder Ausstieg aus technischer Sicht ratsam erscheint.

Rendite
Ertrag eines Wertpapiers in Relation zum investierten Kapital. Die Dividendenrendite von Aktien wird errechnet, indem man die Dividende mit 100 multipliziert und das Produkt durch den aktuellen Kurswert teilt.

Rentenmarkt
Teil des Kapitalmarkts. Börsenmäßiger Handel festverzinslicher Wert-papiere (Rentenpapiere).

Rücklagen
Kapitalreserven eines Unternehmens, die zum Ausgleich eventuell in späteren Jahren anfallender Verluste dienen. Durch Bildung von Rücklagen soll verhindert werden, dass im Fall von Verlusten das Nominalkapital reduziert wird. Sie stellen daher für Gläubiger des Unternehmens eine Art Garantieposten dar, da sie das Risiko eines Konkurses vermindern. Rücklagen werden in der Bilanz auf gesonderten Passivkonten ausgewiesen. Man unterscheidet zwischen gesetzlichen Rücklagen, deren Bildung der Gesetzgeber vorschreibt, und freien Rücklagen, die aus verschiedenen Gründen gebildet werden. In der Bilanz ausgewiesene Rücklagen (offene Rücklagen) sind zu unterscheiden von den so genannten „stillen“ Rücklagen oder stillen Reserven: Diese erscheinen nicht in der Bilanz, sondern sind in überhöhten Rückstellungen bzw. durch Unterbewertung von Vermögensteilen (z.B. Immobilien) „versteckt“. Bei der Kapitalerhöhung aus Gesellschaftsmitteln werden offene Rück-

lagen in dividendenberechtigtes Grundkapital umgewandelt, es erfolgt die Ausgabe neuer Aktien (Berichtigungsaktien) ohne Einzahlungen seitens der Aktionäre.

Schlusskurs
Letzte variable Notierung eines Wertpapiers an einem bestimmten Handelstag.

Schwarzer Freitag
Unter diesem Namen ging der 25. Oktober 1929 in die Börsengeschichte ein, der an der New Yorker Wall Street den bis dahin größten Kurseinbruch brachte. Eigentlich erfolgte der Einbruch bereits am Donnerstag, doch wurden die Ereignisse erst am Tag darauf in Europa bekannt. Der Schwarze Freitag von 1929 markierte das Ende des langjährigen Konjunkturaufschwungs in den USA und leitete die Weltwirtschaftskrise der 30er Jahre ein.

Spekulationsgewinne
Nach deutschem Steuerrecht sind Kursgewinne aus Wertpapiergeschäften dann als steuerpflichtige Spekulationsgewinne zu werten, wenn zwischen Kauf und Verkauf nicht mindestens ein Jahr und ein Tag vergangen ist, beziehungsweise wenn der Verkauf vor dem Kauf erfolgt ist (Leerverkäufe oder Short Selling). Bis zur Freigernze von 1000 DM pro Jahr und Person bleiben jedoch auch Spekulationsgewinne steuerfrei, wobei innerhalb eines Kalenderjahrs Spekulationsgewinne und -verluste gegeneinander aufgerechnet werden können.

Spitzen
Überhang neuer Aktien bei einer Kapitalerhöhung, die nicht dem Bezugsverhältnis entsprechend auf die Inhaber der alten Aktien verteilt werden können. Über die Verwendung

entstandener Spitzen entscheidet die Hauptversammlung. Beim Aktionär entsteht eine Spitze, wenn die Zahl seiner Bezugsrechte nicht durch das Bezugsverhältnis teilbar ist (z.B. fünf „alte“ Aktien bei einer Kapitalerhöhung im Verhältnis 4:1). Er muss in diesem Fall zum Spitzenausgleich entweder eines seiner Bezugsrechte verkaufen, oder, wenn er eine weitere neue Akte beziehen will, drei zusätzliche Bezugsrechte erwerben.

Spitzenausgleich
An- und Verkauf von Spitzen.

Split, Stock Split
Aktienteilung. In den USA seit langem übliche, in jüngster Zeit auch in Europa verbreitete Maßnahme zur Vermeidung optisch hoher Aktienkurse. Nach einem Split im Verhältnis 2:1 besitzt der Aktionär statt einer nun zwei Aktien mit (rechnerisch) je dem halben Kurswert. Ein Split ist nicht mit der in Deutschland üblichen Ausgabe von Berichtigungsaktien zu verwechseln, weil er nicht mit einer Erhöhung des Grundkapitals verbunden ist. Da in den USA dreistellige Aktienkurse oft als zu hoch empfunden werden, finden Splits meist dann statt, wenn die betreffende Aktie die Marke von 100 Dollar deutlich übersteigt. Bei mit einem Nennwert ausgestatteten Aktien verringert sich dieser gemäß dem Split-Verhältnis. Bei nennwertlosen Aktien reduziert sich analog dazu der -Anteil jeder einzelnen Aktie an Ertrag und Vermögen der Aktiengesellschaft.

Spread
Ausdruck für die Differenz zwischen Geld- und Briefkurs eines Wertpapiers zum gleichen Zeitpunkt. Vor allem im Zusammenhang mit dem außerbörslichen Handel von Wertpapieren gebräuchlich.

Stammaktie
Aktie, die dem Anteilseigner die im Aktiengesetz vorgesehenen Aktionärsrechte gewährt, insbesondere das Stimmrecht auf der Hauptversammlung.

Stämme
Börsenübliche Kurzbezeichnung für Stammaktien.

Standard & Poor's 500
Auch kurz als S&P 500 bezeichneter amerikanischer Aktienindex, der die Titel von 500 der größten US-Aktiengesellschaften umfasst. Der S&P 500 ist nach Marktkapitalisierung gewichtet und gehört neben dem Dow Jones Industrial Average, dem DAX-30 und dem Nikkei-225 zu den meistbeachteten Aktienindizes der Welt.

Standardwerte
Übliche Bezeichnung für Aktien großer, hochkapitalisierter Unternehmen. Die internationale Bezeichnung lautet Blue Chips.

Stille Reserven
Sie entstehen durch bilanzielle Unterbewertung von Vermögensgegenständen eines Unternehmens oder durch Überbewertung von Verbindlichkeiten. So stehen oft vor langer Zeit erworbene Immobilien mit dem Anschaffungspreis in der Bilanz, der weit unter dem aktuellen Marktwert liegt. Auch voll abgeschriebene, aber noch funktionstüchtige Produktionsanlagen spielen hier eine Rolle. Stille Reserven können einen erheblichen Beitrag zum Substanzwert eines Unternehmens leisten. Kursrelevant werden stille Reserven in erster Linie bei der Liquidation einer AG oder bei einer geplanten Übernahme. Stille Reserven werden zuweilen auch als stille Rücklagen bezeichnet.

Stimmrechtsquote

Die Stimmrechtsquote eines einzelnen Aktionärs errechnet sich als Quotient des Gesamtnennwerts der von ihm gehaltenen Stammaktien zum stimmberechtigten Grundkapital. Als stimmberechtigtes Grund-kapital bezeichnet man den auf Stammaktien entfallenden Anteil am Grundkapital der AG.

Stochastik-Indikator

Begriff aus der technischen Wertpapieranalyse. Er zeigt, an welcher Position innerhalb des während eines festgelegten Zeitraums beobachtbaren Kursspektrums die letzte oder aktuelle Notierung liegt. Mit Hilfe dieses Indikators sollen Fragen des Timing, also des richtigen Zeitpunkts von Kauf und Verkauf beantwortet werden.

Stop-Kurs

Wichtiges Instrument zur Verlustbegrenzung im Rahmen des Risiko-managements bei Börsengeschäften. Schon beim Kauf kann der Anleger einen in der Regel unterhalb des Einstandskurses liegenden Stop-Kurs festlegen, bei dessen Unterschreiten die Position verkauft wird. Das Verlustrisiko ist somit auf die Differenz zwischen Kauf- und Verkaufskurs begrenzt. Die Entgegennahme von Stop-Kursen wird von den Banken unterschiedlich gehandhabt. Bei Papieren mit heftigen Kursschwankungen sollte der Anleger beachten, dass Stop-Aufträge natürlich nur ausgeführt werden können, wenn der Kurs „bezahlt" war und Umsätze stattgefunden haben. Falls die Bank keine Stop-Aufträge entgegennimmt, sind Aufmerksamkeit und Selbstdisziplin des Anlegers gefordert. Er muss sich in diesem Fall überlegen, welchen Verlust er maximal in Kauf zu nehmen bereit ist und bei Unterschreiten dieses Kursniveaus -sofort einen Verkaufsauftrag erteilen.

Streifbandverwahrung

Im Gegensatz zur Girosammelverwahrung werden Wertpapiere bei der Streifbandverwahrung für jeden Hinterleger (Eigentümer) gesondert aufbewahrt. Der Name des Eigentümers ist auf der Banderole (Streifband) vermerkt, mit der die Papiere gebündelt werden.

Streubesitz

Prozentualer, nicht in festen Händen befindlicher Anteil der von einer AG ausgegebenen Aktien. Die Schätzung des Streubesitzes ist stets mit Unwägbarkeiten verbunden.

Substanzwert

Bei Unternehmen versteht man unter dem Substanzwert die Summe aller Vermögenswerte abzüglich der Verbindlichkeiten. Besonders wichtig ist der Substanzwert bei der Liquidation einer Aktiengesellschaft und im Fall einer Unternehmensübernahme, da unter Umständen erheb-liche stille Reserven vorhanden sind, die im Kurswert der betreffenden Aktie zuvor kaum berücksichtigt worden waren.

Talon

Erneuerungsschein, der dem Dividendenbogen einer Aktie beigelegt ist. Wenn der alte Dividendenscheinbogen nach Jahren aufgebraucht ist, kann man mit dem Talon einen neuen anfordern.

Taxkurs

Vom Kursmakler an der Börse mangels tatsächlicher Kauf- und Verkaufsaufträge geschätzter (taxierter) Kurs eines Wertpapiers.

Technische Reaktion

Kurzfristige Gegenreaktion innerhalb eines intakten Auf-

oder Abwärtstrends. Die Charttechniker interpretieren solche Phänomene als Reaktion auf vorhergegangenene starke Kursgewinne oder -verluste.

Technische Wertpapieranalyse
Die technische Wertpapieranalyse untersucht im Gegensatz zur Fundamentalanalyse nicht monetäre, volkswirtschaftliche oder unternehmenspezifische Entwicklungen, sondern die Kurs- und Umsatzverläufe von Wertpapieren. Diese Verläufe werden grafisch in sogenannten Charts dargestellt. Die Grundannahme dabei lautet, dass alle Faktoren, die eine Aktie beeinflussen, unmittelbar im Kurs und im Umsatz zum Ausdruck kommen. Die Analyse dieser Verläufe ermöglicht daher Rückschlüsse auf künftige Entwicklungen.

Telefonverkehr
Bezeichnung für den ungeregelten Freiverkehr. Der Wertpapierhandel findet außerbörslich statt, meist zwischen Banken. Im Telefonverkehr werden Papiere gehandelt, die an der jeweiligen Börse nicht im amtlichen Handel, im geregelten Markt oder im geregelten Freiverkehr notiert sind. Der Telefonverkehr liegt in der Verantwortung der beteiligten Banken und Händler, eine explizite Überwachung durch den Börsenvorstand findet nicht statt.

Timing
Wahl des „richtigen", also möglichst gewinnbringenden Zeitpunkts von Kauf und Verkauf an der Börse.

Top
Im Rahmen der technischen Wertpapieranalyse die Bezeichnung für die Spitze und somit für das vorläufige Ende einer Aufwärtsbewegung.

Totalverlust

Verlust des gesamten für den Kauf eines Wertpapiers eingesetzten Betrags. Bei Aktien ist ein Totalverlust möglich, wenn die betreffende AG in Konkurs geht.

Trader

Eigentlich „Händler". Im Zusammenhang mit Börsengeschäften bezeichnet man solche Marktteilnehmer als Trader, die durch schnelles Kaufen und Verkaufen kurzfristige Trends auszunutzen versuchen.

Trend

Über längere Zeit andauernde Kursbewegung in eine gleichbleibende Richtung. Die Trendanalyse von Wertpapieren und Märkten hat den Zweck, aus Daten der Vergangenheit Rückschlüsse auf die wahrschein-liche künftige Tendenz zu generieren.

Turnaround

Aus dem Amerikanischen übernommene Bezeichnung für die Rückkehr eines Unternehmens in die Gewinnzone, das zuvor Verluste aus-gewiesen hatte. Im allgemeineren Sinn wird auch eine grundlegende Verbesserung einer Unternehmenssituation als Turnaround bezeichnet.

Turnaround-Spekulation

Kauf von Aktien eines Unternehmens, das sich in einer schwierigen Phase befindet. Die Hoffnung dabei: Die AG könnte den Turnaround schaffen und bald wieder Gewinne erwirtschaften. Die Aktien solcher Unternehmen weisen meist einen Kurswert auf, der im historischen Vergleich äußerst niedrig liegt. Wenn der Turnaround gelingt, kann der -Anleger oft erhebliche Gewinne erzielen. Wenn nicht, ist ein Totalverlust nicht völlig auszuschließen.

Überkauft

Nach einer Phase stark anziehender Notierungen sprechen technische Analysten von einer überkauften Situation. Überkaufte Aktien und Märkte sind anfällig für eine Gegenbewegung nach unten.

Übernahme

Aufkauf eines Unternehmens durch ein anderes. Der Interessent macht den Anteilseignern der zu übernehmenden AG ein Angebot, das meist deutlich über dem aktuellen Kurswert der Aktien liegt. Eine Übernahme kann in gegenseitigem Einvernehmen oder gegen den erklärten Willen des zu Übernehmenden erfolgen. Im letzteren Fall spricht man von einer feindlichen Übernahme.

Überschuldung

Überwiegen der Verbindlichkeiten eines Unternehmens über sein -Vermögen. Bei Aktiengesellschaften ist die Überschuldung neben der Zahlungsunfähigkeit ein Insolvenzgrund.

Überverkauft

Überverkauft ist eine Aktie nach einer Phase des starken Kursrückgangs bei hohen Umsätzen. Analog zur überkauften Situation ist auch hier eine Gegenbewegung (Konsolidierung) wahrscheinlich.

Überzeichnung

Von Überzeichnung spricht man, wenn bei einer Wertpapieremission, zum Beispiel beim Börsengang einer AG, das nachgefragte Volumen das zur Zeichnung anstehende Angebot übersteigt. Bei Aktien-Neuenissionen kam es in den vergangenen Jahren sehr häufig zu einer solchen -Situation. Die dann erforderliche Zuteilung der Papiere erfolgt entweder prozentual – bei einer 100prozentigen Überzeichnung erhält zum Beispiel jeder Interessent exakt die Hälfte der von ihm angeforderten Titel – oder in der Form, dass kleine Zeichnungsbeträge voll zugeteilt und große gekürzt werden. Oft werden allerdings auch die Kunden der an der Emission beteiligten Banken bevorzugt bedient.

Ultimo
Bezeichnung für den letzten Börsenhandelstag des Monats.

Umkehrformation
Begriff aus der technischen Wertpapieranalyse. Sammelbezeichnung für einige Chartformationen, die als Zeichen einer Trendumkehr interpretiert werden. Die wichtigsten Trendumkehrformationen sind M-For-mation, W-Formation, Schulter-Kopf-Schulter-Formation und Untertassenformation.

Umlaufrendite
Aktuelle Rendite im Umlauf befindlicher festverzinslicher Wertpapiere im Gegensatz zu deren Rendite bei der Emission. Die Entwicklung der Umlaufrendite hat große Auswirkungen auf den Aktienmarkt, wobei sich steigende Zinsen in aller Regel negativ auswirken.

Umsatz
Bei Unternehmen bezeichnet der Umsatz die Erlössumme aus dem Verkauf von Produkten und Dienstleistungen, an der Börse die Summe der Kurswerte der an einem Tag gehandelten Wertpapiere.

Unterstützung
Wichtiger Begriff aus der technischen Wertpapieranalyse. Fällt der Kurs einer Aktie mehrmals auf ein bestimmtes Niveau, um sich anschließend zu erholen, so spricht man von einer Unterstützung. Ursache einer Unter-stützung kann

sein, dass jeweils auf diesem Niveau massive Käufe einsetzen oder weitere Verkäufe unterbleiben. Dies lässt den Kurs wieder nach oben drehen. Wird eine Unterstützung schließlich doch nach unten durchbrochen, so wird sie zum Widerstand.

Unterzeichnung
Von Unterzeichnung spricht man, wenn bei einer Wertpapieremission die Nachfrage geringer ausfällt als das zur Zeichnung stehende Angebot, so dass die Emission nicht gänzlich am Markt plaziert werden kann. Bei Aktienemissionen kommt es relativ selten zu einer Unterzeichnung, bei Emissionen festverzinslicher Wertpapiere dagegen weitaus häufiger.

Verbilligung
Nachkauf weiterer Stücke eines bereits früher erworbenen Wertpapiers zu niedrigeren Kursen, um einen günstigeren durchschnittlichen Einstandskurs zu erreichen. Diese Vorgehensweise ist nicht ohne Gefahren, denn der Kurs kann ja immer weiter absinken, so dass sich der Anleger schließlich „zu Tode verbilligt".

Verkäufermarkt
Beschreibung einer Situation auf dem Kapitalmarkt, die sich durch -beträchtlichen Nachfrageüberhang oder durch rasch steigendes Nachfragevolumen auszeichnet.

Verkaufssignal
In der technischen Wertpapieranalyse werden bestimmte Kursverläufe als Zeichen für künftig sinkende Notierungen interpretiert. In diese -Kategorie fallen zum Beispiel: Das Absinken unter eine zuvor stabil wirkende Unterstützung, das mehrmalige Scheitern an einem Widerstand und das Absacken des Kurses unter einen gleitenden Durchschnitt.

Verlustbegrenzung

Sammelbezeichnung für gezielte Maßnahmen zur Reduzierung des mit Börsengeschäften unvermeidlich verbundenen Verlustrisikos. Die Risikobegrenzung kann sich dabei auf die Gesamtheit des Anlagekapitals -beziehen (Asset Allocation) oder auf eine einzelne Wertpapierposition. Neben dem Management des absoluten Verlustrisikos durch Einsatzbegrenzung steht die prozentuale Verlustbegrenzung durch Stop-Kurse im Vordergrund. Der Anleger setzt dabei – meist schon unmittelbar nach dem Kauf des Papiers – einen unter dem Einstandspreis liegenden Kurs fest, bei dessen Unterschreiten die gesamte Position sofort verkauft wird.

Verlustpotenzial

Maximales Verlustrisiko eines Börsengeschäfts, messbar in Währungseinheiten oder in Prozentpunkten des Einsatzes.

Vinkulierte Namensaktie

Sonderform der Namensaktie. Nach § 68/2 Aktiengesetz ist für die Eigentumsübertragung an vinkulierten Namensaktien außer den bei gewöhnlichen Namensaktien vorgesehenen Bedingungen auch die Zustimmung der jeweiligen Aktiengesellschaft erforderlich.

Volatilität

Die Volatilität ist das Maß für die relative Schwankungsbreite und damit für das Kursrisiko eines Wertpapiers innerhalb eines bestimmten Zeitraums. Sie wird mit Hilfe statistischer Streuungsmaße wie Varianz oder Standardabweichung gemessen. Eine Volatilität von 30 Prozent innerhalb eines Jahres bedeutet, dass der Kurs in diesem Zeitraum durchschnittlich zwischen 70 und 130 Prozent des aktuellen Kurswerts geschwankt hat. Je höher die Volatilität, desto größere Schwankungen hat das Wertpapier in der Vergangenheit gezeigt – und desto riskanter ist eine Investition. Ein wenig problematisch ist dabei, dass man die Volatilität der Vergangenheit (historische Volatilität) nicht ohne weiteres in die Zukunft extrapolieren kann. Für die Zukunft ist man daher stets auf Schätzungen (implizite oder implizierte Volatilität) angewiesen.

Vorbörse

Wertpapierhandel vor Beginn der offiziellen Börsenhandelszeit. Die Vorbörse ist ein guter Indikator für die voraussichtliche Tagestendenz.

Vorstand

Organ der Aktiengesellschaft. Der Vorstand besteht aus einer oder mehreren Personen und hat unter eigener Verantwortung die AG zu leiten. Vorstand oder Vorstandsmitglied kann nur eine natürliche, unbeschränkt geschäftsfähige Person sein. Neben Geschäftsführung und Berichterstattung gehört die gerichtliche und außergerichtliche Vertretung der Gesellschaft zu den Aufgaben des Vorstands. Der Vorstand wird vom Aufsichtsrat der AG bestellt und abberufen.

Vorzugsaktie

Aktie, die mit bestimmten Vorrechten ausgestattet ist. Meist liegt die Dividende höher als bei der Stammaktie der betreffenden AG, oder die Vorzugsaktie ist mit einer Garantiedividende ausgestattet. Die Satzung der AG sieht meist auch eine Besserstellung der Vorzugsaktionäre für den Fall der Abwicklung (Liquidation) der Gesellschaft vor. Im Gegenzug ist das Stimmrecht auf der Hauptversammlung ausgeschlossen.

Vorzüge

Börsenübliche Kurzbezeichnung für Vorzugsaktien

Wachstumswert/Wachstumsaktie

Bezeichnung für die Aktie eines Unternehmens, das sich durch überdurchschnittliches Umsatz- und Ertragswachstum auszeichnet. Kennzeichnend für Wachstumswerte sind innovative Produktpolitik, hoher Aufwand für Forschung und Entwicklung sowie erfolgreiche Durchdringung neuer Absatzmärkte.

Währungsgewinne

Bezeichnung für den Vermögenszuwachs, der dem Inhaber auf Fremdwährung lautender Wertpapiere (auch Bankguthaben oder Forderungen) entsteht, wenn die Fremdwährung gegenüber der Heimatwährung im Wechselkurs zulegt.

Währungsrisiko

Beschreibt das Risiko für Eigentümer auf Fremdwährung lautender Wertpapiere, durch Wechselkurseinbußen der Fremdwährung im Vergleich zur Heimatwährung Verluste zu erleiden.

Wall Street

Straße in Manhattan, in der die New York Stock Exchange beheimatet ist. Wall Street wird im Börsenjargon daher häufig als Synomym für den US-Kapitalmarkt schlechthin und insbesondere für den Aktienmarkt verwendet.

Wertpapier

Sammelbezeichnung für Urkunden, die ein Vermögensrecht in der Art verbriefen, dass dieses Recht ohne die Urkunde weder geltend gemacht noch übertragen werden kann. Börsenfähige Wertpapiere werden auch Effekten genannt.

Wertpapierdarlehen

Darlehen, das eine Bank ihrem Kunden zum Zweck des

Erwerbs von Wertpapieren gewährt. Die Wertpapiere dienen dabei zur Besicherung des Darlehens, wobei die von der Bank festgesetzte Beleihungsgrenze bei Aktien meist etwa 60, bei festverzinslichen Wertpapieren von erstklassigen Schuldnern 80 Prozent beträgt. Wird diese Beleihungsgrenze unterschritten, so kann die Bank vom Kunden eine Zuzahlung (Nachschuss) fordern. Ziel des Kunden ist es, mit den gekauften Wertpapieren einen Ertrag zu erwirtschaften, der die Aufwendungen aus Darlehenszinsen und Spesen übertrifft. Der Wert-papierkauf auf Kredit kann allerdings auch sehr teuer werden: Verspekuliert sich der Darlehensnehmer, dann hat er neben den Kursverlusten auch noch die Zinsaufwendungen für das Darlehen zu verkraften.

Wertpapier-Kennummer
Sechsstellige Zahl, die Wertpapieren zugeordet wird und ihrer eindeutigen Identifizierung dient. Die untenstehenden Angaben betreffen nur den Wertpapierhandel in Deutschland, denn in anderen Ländern (US-Kennummer, Schweizer Valorennummer) sind andere Zahlensysteme gebräuchlich. In Deutschland werden die einzelnen Wertpapiere folgenden Gruppen zugerechnet:

A: Schuldverschreibungen, geordnet nach Emittenten

100 000 bis 199 999	Bund, Länder, Gemeinden, öffentliche Verbände
200 000 bis 349 999	Emissionsinstitute
350 000 bis 399 999	Industrieunternehmen
400 000 bis 499 999	ausländische Emittenten

B: Aktien, Kuxe, Anteilsscheine, Optionsscheine, geordnet nach Branchen

500 000 bis 789 999	Industrieunternehmen
790 000 bis 799 999	Kuxe

800 000 bis 819 999	Banken
820 000 bis 839 999	Verkehrsunternehmen
840 000 bis 846 939	Versicherungen

C: Sonstige

847 000 bis 849 939	inländische Investmentzertifikate
850 000 bis 879 999	Auslandsaktien
880 000 bis 909 999	Bezugsrechte
910 000 bis 939 999	junge Aktien
940 000 bis 969 999	jüngste Aktien und Sonderfälle
970 000 bis 979 999	ausländische Investmentzertifikate
980 000 bis 999 999	Immobilienzertifikate

Widerstand

Begriff aus der technischen Wertpapieranalyse. Wenn der Kurs einer -Aktie mehrmals bis auf ein bestimmtes Niveau steigt und anschließend wieder zurückfällt, dann spricht man von einem Widerstand oder einer Widerstandszone. Bedeutende Widerstände liegen oft im Bereich runder Zahlen wie 100 oder 1000 und bei ehemaligen Höchstständen des betreffenden Titels. Offenbar finden sich auf diesem Niveau stets neue Verkäufer, wodurch ein weiterer Kursanstieg verhindert wird. Wenn der Kurs einen Widerstnd schließlich doch nach oben überwindet, so fungiert dieser fortan als Untesrtützung.

Windfall Profits

Gewinne, die einem Unternehmen aufgrund einer allgemeinen Änderung der Marktsituation, nicht aber aufgrund eigener Anstrengungen zufliegen. Ein typisches Beispiel: Ein unerwarteter und starker Ölpreisanstieg beschert den Ölkonzernen Windfall Profits, falls deren Produktionskosten im gleichen Zeitraum nicht entsprechend steigen.

WPKN/WPK
Börsenübliche Kurzbezeichnung für die Wertpapier-Kennnummer.

XETRA
Elektronisches System zum außerbörslichen Handel umsatzstarker Wertpapiere. XETRA löste Ende 1997 das IBIS-Handelssystem ab. Es ermöglicht Investoren auch außerhalb der offiziellen Börsenhandelszeiten den Kauf und den Verkauf von Wertpapieren.

XETRA-DAX
Stand des DAX im Handelssystem XETRA

Zahlungsunfähigkeit
Auf dem Mangel an Zahlungsmitteln beruhendes, dauerhaftes Unvermögen eines Schuldners, seine sofort zu erfüllenden Verbiindlichkeiten noch im wesentlichen zu begleichen. Die Zahlungsunfähigkeit ist ein allgemeiner Insolvenzgrund.

Zero-Bond/Nullcoupon-Anleihe
Schuldverschreibung ohne Zinscoupon. Im Gegensatz zu herkömm-lichen Anleihen werden Zero-Bonds nicht laufend verzinst. Die Papiere werden weit unter dem Nominalwert emittiert und bei Fälligkeit zum Nominalwert eingelöst (getilgt). Zero-Bonds weisen in Zeiten deutlich fallender Kapitalmarktrenditen oft starke Kurssteigerungen auf.

Zeichnung
Abgabe eines Angebots zum Kauf von Wertpapieren bei deren Emission. Durch schriftliche Erklärung verpflichtet sich der Zeichnende zur Abnahme eines bestimmten Wertpapiervolumens. Im Fall einer Überzeichnung muss er allerdings damit rechnen, weniger Papiere zu erhalten als er gezeichnet hatte.

Zeichnungsfrist
Festgelegter Zeitraum, während dessen Interessenten zur Emission anstehende Wertpapiere zeichnen können.

Zeichnungsschein
Die Urkunde, auf der sich der Zeichnende durch schriftliche Erklärung zur Übernahme eines bestimmten Betrags einer Wertpapieremission verpflichtet.

Zentralbank
Staatliches oder supranationales Geldinstitut, das die Verantwortung für Währungs und Kreditpolitik sowie für den Zahlungsverkehr trägt. Zentralbanken haben außerdem das Privileg inne, Banknoten und Münzen auszugeben.

Zins
Preis, den ein Kreditnehmer für die zeitweilige Überlassung von Geld oder Kapital zu zahlen hat. Die Zinsentwicklung ist einer der wichtigsten Einflussfaktoren auf die Tendenz an den Aktienbörsen.

Zinssatz
In Prozent des Nominalwerts ausgedrückte jährliche Vergütung.

Zinssensitive/zinsreagible Aktien
Im Prinzip wirkt sich die Zinsentwicklung auf die gesamte Börsensituation und somit auf alle Aktien aus. Anleihen sind eine wichtige Konkurrenz der Geldanlage in Aktien. Je höher die Anleihenrendite, desto attraktiver werden diese Papiere, und desto weniger attraktiv wirkt im Umkehrschluss die Investition in Aktien. Daher sind steigende Zinsen für die Entwicklung an den Aktienmärkten in der Regel sehr negativ. Es gibt jedoch Branchen, deren Ertragsentwicklung direkt

von der Zinstendenz betroffen ist, und die daher noch stärker als andere Wirtschaftszweige auf diesen Einfluss reagieren. Hierzu zählen insbesondere Banken, Versicherungen und Finanzdienstleister. Deren Aktien schneiden bei steigenden Zinsen im Vergleich zum Gesamtmarkt oft unterdurchschnittlich ab.

Zinsstrukturkurve
Systematische Darstellung der Renditen festverzinslicher Wertpapiere in Abhängigkeit von ihrer Restlaufzeit.

Zinstrend
Längere Zeit anhaltende Aufwärts-oder Abwärtsbewegung der am Anleihenmarkt zu erzielenden Renditen.

Zusatzaktien
Synonyme: Berichtigungs- oder Gratisaktien, die im Rahmen einer Kapitalerhöhung aus Gesellschaftsmitteln an die Anteilseigner ausgegeben werden. Die letztere Bezeichnung ist allerdings irreführend, da die Anleger durch die Ausgabe von Zusatzaktien keinen Vermögenszuwachs erfahren.

Zykliker, zyklische Aktien
Aktien von Unternehmen, deren Umsatz- und Gewinnentwicklung in hohem Maß vom Konjunkturverlauf abhängig ist. Typisch zyklische Branchen sind Metall, Papier, Maschinenbau, Basischemie und Ölförderung. Der Kursverlauf zyklischer Aktien nimmt die konjunkturelle Entwicklung oft vorweg. Steigen die Stahlaktien, dann dürfte diese Branche bald einen Aufschwung erleben.